Beltz Taschenbuch 29

W0384370

Über dieses Buch:
Lernen ist kein linearer Prozeß, sondern entwickelt sich in qualitativen Sprüngen. Iris Mann vertritt die These, daß es keine schlechten Schüler mehr gibt, wenn man im Unterricht von den Entwicklungsstufen der Schüler ausgeht und die jeweils nächste Stufe gezielt ansteuert. Ihre »Tätigkeitstheorie« erklärt das Scheitern und die Lernerfolge von Schülern: Der Mensch lernt nur Theorie und Praxis umfassend zu durchdringen, also zu verstehen, wenn Sinnesorgane, Bewegungsorgane und Denkprozesse in der Tätigkeit mit Objekten gleichzeitig und gemeinsam ausgebildet werden. Dem entsprechen die Lernstufen Motivation, Orientierung, Handlung mit Gegenständen, bildhafte Darstellung der Handlung, lautsprachliche Darstellung der Handlung und gedankliche Erarbeitung der Handlung.
Anhand von vielen Beispielen aus der Arbeit mit Behinderten in einem Modellversuch erfahren Lehrer, wie sie die Lösungswege ihrer Schüler beobachten und verstehen können. Und wie sie ihren Unterricht so organisieren, daß Lernprozesse störungsfrei und erfolgreich verlaufen.

Die Autorin:
Dr. Christel Manske (Pseudonym Iris Mann) hat viele Jahre lang Erfahrungen mit benachteiligten Menschen gesammelt und ist heute Leiterin ihres Instituts zum systematischen Aufbau funktioneller Hirnsysteme. Hier werden Kinder mit Trisomie 21, Autismus oder Hyperaktivität nach der Tätigkeitstheorie gefördert. Im Beltz Verlag veröffentlichte sie auch die Bücher »Ich war behindert anhand der Ärzte und Lehrer«, »Lernprobleme«, »Schlechte Schüler gibt es nicht« und »Die Kraft geht von den Kindern aus«.

Iris Mann

Lernen können ja alle Leute

Lesen-, Rechnen-, Schreibenlernen
mit der Tätigkeitstheorie

BELTZ
Taschenbuch

Besuchen Sie uns im Internet:
http://www.beltz.de

Alle Rechte, insbesondere das Recht der Vervielfältigung und Verbreitung sowie der Übersetzung, vorbehalten. Kein Teil des Werkes darf in irgendeiner Form (durch Photokopie, Mikrofilm oder ein anderes Verfahren), ohne schriftliche Genehmigung des Verlages reproduziert oder unter Verwendung elektronischer Systeme verarbeitet, vervielfältigt oder verbreitet werden.

Beltz Taschenbuch 29
1999 Weinheim und Basel
Unveränderter Nachdruck
der 3. Auflage 1995

© 1990 Beltz Verlag, Weinheim und Basel
Umschlaggestaltung: Federico Luci, Köln
Satz: Satz- und Reprotechnik GmbH, Hemsbach
Druck und Bindung: Druckhaus Beltz, Hemsbach
Printed in Germany

ISBN 3 407 22029 4

Inhaltsverzeichnis

I. Vorwort

Schlechte Schüler gibt es nicht, wenn die Lehrer lernen, von den Lernstufen, auf denen sich die Schüler gerade befinden, auszugehen.

Die Erkenntnis, daß Lernen kein linearer Prozeß ist, sondern in qualitativen Sprüngen von einer Lernstufe auf die nächst höhere vor sich geht, ist bahnbrechend für die bestmögliche Förderung der Schüler. Die Theorie des systematischen stufenweisen Aufbaus funktioneller Hirnsysteme ermöglicht den Lehrern den Unterricht so zu organisieren, daß die nächste Zone der Entwicklung bei den Schülern angebahnt werden kann. Jedes Lernangebot wird so zum Schrittmacher für die nächst höhere Entwicklungsstufe der Schüler. Die Lehrer lernen die Lösungswege, die die Schüler gehen, zu beobachten und zu verstehen. Daher wird es ihnen möglich, den Schülern nicht in erster Linie mitzuteilen, ob sie zu einem falschen oder richtigen Ergebnis gekommen sind, sondern ihnen zu erklären, warum sie auf der falschen oder richtigen Spur sind. Die Schüler haben weniger Interesse zu erfahren, daß sie Fehler gemacht haben als vielmehr, warum sie Fehler gemacht haben. Daß trotz der Erkenntnisse über menschliches Lernen immer noch so viele Kinder in der Schule in der Bundesrepublik scheitern, liegt auch daran, daß zur Zeit noch zu wenige Lehrer ihre pädagogische Tätigkeit als wissenschaftliche Forschung begreifen und sich gemeinsam mit anderen Kollegen um immer neue Erkenntnisse bemühen, die Störungen im Lernprozeß frühzeitig aufzudecken, zu erklären und abzubauen helfen.

Die Tätigkeitstheorie erklärt das Scheitern und die Lernerfolge der Schüler auf höchstem Niveau und begründet unseren pädagogischen Optimismus, daß jedes Kind lernen und sich entwickeln kann, wenn es mit einem Lehrer lernt, der es erreicht. Dies gilt für alle Kinder in gleicher Weise, so daß die Frage, welche Kinder in die Regelschule gehen dürfen und welche nicht, überflüssig werden kann.

In diesem Buch stelle ich meine pädagogische Arbeit auf der Grundlage der Tätigkeitstheorie beispielhaft am Lesen-, Schreiben- und Rechnenlernen dar. Daß die Lernprogramme bei Menschen mit geistiger Behinderung erfolgreich sind, bestätigt die große Bedeutung, die die Tätigkeitstheorie für die Schule in Zukunft hat.

II. Die Normalität und die Anomalität

Bevor ich in der Werkstatt für Erwachsene mit geistiger Behinderung meinen Dienst begann, ging ich durch die verschiedenen Abteilungen der Werkstatt, um die Arbeit kennenzulernen. Ein Gruppenleiter gab mir eine blaue Schürze und sagte: „An dieser Maschine werden Schellen gebogen.“ Er zeigte mir die Handgriffe und ich begann. Plötzlich trat ein Vertreter in den Werkraum und sprach mich an: „Ja was machst Du denn da?“ Ich antwortete: „Das sind Schellen für Heizungen.“ Als der Gruppenleiter ihn sah, stellte er mich vor: „Das ist Frau Dr. Manske, sie will hier Erfahrungen in unserer Werkstatt sammeln –.“ Der Vertreter verschwand rückwärts aus der Tür, ohne ein Wort zu sagen. Der Gruppenleiter ging ihm nach. Als beide draußen waren, brach ein Gelächter unter den Beschäftigten aus: „Der hat gedacht – Sie sind behindert.“

Prusten, Kopfschütteln.

Ich fragte die Beschäftigten: „Warum lachen Sie? Es ist doch klar, daß ich von dem Augenblick an, von dem ich diese Arbeit hier mache, als eine von Ihnen angesehen werde. Menschen werden als das angesehen, was sie berufsmäßig darstellen –.“ Das Lachen hörte nicht auf. „Der hat gedacht, daß Sie behindert sind, dann hört er, daß Sie Doktor sind –.“

Ich habe lange über den Humor der Beschäftigten nachgedacht. Humor ist ein Ausdruck von Wissen. Ich erinnerte mich daran, wie ich als Studentin Filme über die Antipsychiatriebewegung in Italien sah. Ein Film begann damit, daß ein Herr mit blauem Anzug und Nickelbrille das italienische Modell darstellte. Ich war überzeugt, daß dieser Herr Doktor Basaglia sei, und hörte ihm mit großem Respekt zu. Plötzlich traten zwei Männer in den Raum, eingehakt. Ich hörte neben mir ein Flüstern: „Das ist er.“ Ich fragte: „Wer?“ „Basaglia“ „Wer?“ „Der im braunen Rolli.“ Ich war völlig verwirrt und fragte: „Wer war denn der im blauen Anzug?“ „Ein Insasse.“

Ich begann die Arbeit in der Werkstatt. Ich wollte in einem zweijährigen Modellversuch zeigen, daß Erwachsene mit geistiger Behinderung in jedem Alter lernen können. Die Arbeiterinnen und Arbeiter kamen zweimal in der Woche für eine Stunde in kleinen Gruppen in den Unterricht. Das Lernen schien ihnen Freude zu bereiten, und ich konnte bald Lernfortschritte sehen. Einige begannen damit, sich die Laute einiger Buchstaben zu merken, rechneten mit einem Zehnerbrett, um eine Vorstellung vom Zahlenraum bis zehn zu bekommen. Andere lernten Rechtschreibregeln, Bruchrechnung oder spielten Theater.

Einerseits ist es mir wichtig, kleinste Lernfortschritte zu organisieren, andererseits muß mir klar sein, in welcher gesellschaftlichen Lage ich mich als Lehrerin befinde und in welcher Lebenssituation die Menschen mit geistiger Behinderung sind. „Es ist hohe Zeit, nicht nur von den großen Kriegen zu sprechen, sondern auch von dem kleinen Krieg, der den Alltag verwüstet und der keinen Waffenstillstand kennt: Von dem Krieg im Frieden, seinen Waffen, seinen Folterinstrumenten und Verbrechen, der uns langsam dazu bringt, Gewalt und Grausamkeit als Normalzustand zu akzeptieren. Krankenhäuser, Gefängnisse, Irrenhäuser, Fabriken und Schulen sind die bevorzugten Orte, an denen dieser Krieg geführt wird, wo seine lautlosen Massaker, seine Strategien sich fortpflanzen im Namen der Ordnung." (1)

Nach Basaglias Auffassung findet ein Krieg von Ärzten, Pädagogen, Psychologen und Wissenschaftlern gegen Menschen mit physischen, psychischen und geistigen Leiden statt. Ein stillschweigender Krieg, der nur Opfer, aber keine Täter kennt.

Ralf Fingerhut sieht sich als Opfer, wenn er schreibt: „Ich war behindert an Hand der Lehrer und Ärzte."(2)

In den Personalakten wird die Art der Behinderung der Arbeiterinnen und Arbeiter oft als „angeborener Schwachsinn" bezeichnet. Aber wer weiß etwas über die Entwicklung schwacher Sinne? Wie geistreich ist ein Kind, wenn es geboren wird? Was kann es außer schreien, schlucken, saugen, greifen? Niemand weiß, wie sich die Sinne, die Sprache, das Handeln, das Denken, das soziale Gewissen des Neugeborenen entwickeln werden. Das gilt für jedes Kind.

„Alle eindeutig psychologischen Besonderheiten des defektiven Kindes sind ihrer Grundlage nach nicht biologischer, sondern sozialer Natur. Möglicherweise ist die Zeit nicht mehr fern, da die Pädagogik es als peinlich empfinden wird, von einem defektiven Kind zu sprechen, weil es ein Hinweis darauf sein könnte, es handle sich um einen unüberwindbaren Mangel der Natur. In unseren Händen liegt es, so zu handeln, daß das gehörlose, das blinde, das schwachsinnige Kind nicht defekt ist. Dann wird auch das Wort selbst verschwinden, das wahrhafte Zeichen für unseren eigenen Defekt." (3)

Andersartigkeit wird als Krankheit bezeichnet, aber sie ist – nach der Auffassung von Wygotski und Basaglia – das durch die Gesellschaft geschaffene Leiden. Jeder Mensch lebt in seinem Körper mit Selbstverständlichkeit.

Von einem Mann erfuhr ich, daß Ärzte ihm geraten hatten, sich einen Fuß abnehmen zu lassen, damit ihm eine Prothese gemacht werden könnte. Ein Bein war auf Grund einer Kinderlähmung kürzer als das andere. Er hatte gelernt auf Krücken zu gehen und trampte durch die Welt. Er empfand den Rat der Ärzte als Körperverletzung.

Oft werde ich von Besuchern der Werkstatt gefragt: „Gibt es eine Erklärung dafür, daß die geistig Behinderten so freundlich sind?"

Ein Arzt der chinesischen Medizin sagte zu mir: „Die Natur duldet keine Ungereimtheiten. Wenn jemand mit einem Mangel geboren wird, dann muß er sich, um sein Leben zu erhalten, ein Superplus schaffen." Er erzählte in diesem Zusammenhang, daß es Indianerstämme geben soll, die Menschen mit Behinderung mit größter Ehrerbietung begegnen, diese oft als Schamanen auswählten, weil sie besondere Fähigkeiten entwickelt hatten.

Über diese besonderen Fähigkeiten von Menschen mit Behinderungen berichtet Sacks, der Leiter einer Nervenklinik in New York: „Was war da los? Aus der Aphasiestation drang, gerade als die Rede des Präsidenten übertragen wurde, lautes Gelächter, und dabei waren doch alle so gespannt darauf gewesen." (4) Die Patienten verstanden zwar die Worte des Präsidenten nicht, aber sie erkannten, daß er die Unwahrheit sagte. „Folglich war es die Mimik, die schauspielerischen Übertreibungen, die aufgesetzten Gesten und vor allem der falsche Tonfall, die falsche Satzmelodie des Redners, die diesen sprachlosen, aber ungeheuer sensiblen Patienten heuchlerisch erschien." (5)

Emely D. hingegen litt darunter, daß ihr jeder Begriff von Ausdruck und Ton fehlte, während ihr Verständnis für Wörter unverändert erhalten geblieben war. Ihr Krankheitsbild war das genaue Gegenteil einer Aphasie: „Er ist nicht überzeugend ... Er spricht keine gute Prosa und er gebraucht die falschen Worte.

Entweder ist er hirngeschädigt oder er hat etwas zu verbergen." (6) Sacks meint zu diesem Vorfall: „Das war also das Paradoxon der Präsidentenrede. Wir ‚Normalen' wurden zweifellos beeinflußt durch unseren Wunsch, hinters Licht geführt zu werden.

Die Täuschung durch die Worte war, im Verein mit der Täuschung durch den irreführenden Tonfall, so gekonnt, daß nur die Hirngeschädigten davon unbeeindruckt blieben." (7)

Die Unfähigkeit der „Normalen" vorurteilslos zu sein, kann nur im Zusammenhang mit dem gesellschaftlich herrschenden Wertesystem begriffen werden, in dem der Profit als Grundwert herrscht.

„Die wirtschaftliche Logik bestimmt was menschlich und was nicht menschlich ist, was gesund und was krank ist, was schön und was häßlich ist, was korrekt und was verwerflich ist jeweils nach den Umständen." (8) Das kapitalistische System ist ursächlich für die Bevorzugung und Verurteilung von Menschen.

Katharina teilte mir mit: „Mein Vater sagt immer, wenn Hitler geblieben wäre, dann würde es unsere Werkstatt gar nicht geben. Was meint er denn damit? Ich arbeite doch auch hier." Ich stand mit Barbara und Ulrike an der Bushaltestelle. Plötzlich wendet sich eine alte Frau an mich und sagt: „Ja, manchen trifft das Leben hart. – Manche Menschen haben ein schweres Los." Ich höre ihr eine Weile zu und frage sie dann: „Sie sind allein?" Sie sieht mich irritiert an: „Wieso ich, wie kommen Sie denn darauf?" und geht. Ich verstand sie nicht. Ulrike und Barbara lachten: „Oh ne, die schon wieder, die denkt, daß Sie unsere Mutter sind." Heinz erzählte mir: „Wenn ich die Straße entlang gehe, dann achte ich darauf, daß ich nicht zufällig jemand angucke. Wenn dann einer an mir vorbeigeht, ohne mich anzumachen, ‚Spasti' oder so, dann denke ich jedesmal – ‚wieder Glück gehabt'."

III. Der Dialog

Entscheidend für das gemeinsame Lernen ist der Dialog. „Die Bildungsarbeit muß einsetzen bei der Lösung des Lehrer-Schülerwiderspruchs, bei der Versöhnung der Pole des Widerspruchs, daß beide gleichzeitig Schüler und Lehrer werden." (9) Im Dialog herrscht der eine nicht über den anderen.

Eine Gruppenleiterin kommt für einen Augenblick in die Klasse. Es geht turbulent zu. Alle sprechen gleichzeitig. Anschließend sagt sie zu mir: „Ich bin beeindruckt von Ihrer Art, wie Sie unterrichten." – „Wovon denn?" – „Als Sie dem jungen Mann den Buchstaben gezeigt haben, da haben Sie den Buchstaben in Ihre Hand genommen und nur hingehalten. Ich hätte den Buchstaben zum Beispiel auf dem Tisch liegen lassen und mit dem Finger darauf gezeigt. Das wäre wie eine Prüfung gewesen. Sie haben es ihm überlassen, ob er ihn nimmt, ihn benennt, fragt, wie er heißt, oder ob er ihn abschreibt."

Ein anderes Mal lese ich einem Mann Märchen vor. Ich bemerke, daß er von dem Inhalt nichts versteht. Aber immer, wenn ich aufhören will zu lesen, sagt er: „Lies weiter, ich höre Deine Stimme so gern."

Ich denke, daß es selbst beim Schweigen darauf ankommt, wie wir schweigen. Jede Äußerung befreit oder unterdrückt, schafft Anerkennung oder Festlegung.

Im Dialog sein bedeutet, mit größter Aufmerksamkeit aber ohne Einmischung den Gesprächspartner ernst zu nehmen, gewahr zu werden, was er aussagen will, und einsichtig zu sein.

Bei meinem Opa hatte ich immer das Gefühl, daß er mich versteht. Alle waren aus dem Haus gegangen. Opa las in der Zeitung. Ich hatte mich schlafen gelegt.

„Opa, ob der liebe Gott jetzt wohl in Neumünster ist?" Opa nickte: „Ja, da kann er sein."

„Ich warte lieber einen Augenblick, sonst hört er mich ja nicht."...

„Opa glaubst du, daß er jetzt hier ist?“

„Der wird jetzt hier sein.“

„Müde bin ich geh zur Ruh, schließe beide Äuglein zu...“

Ich war nicht ganz sicher.

„Opa kann es sein, daß ich nicht lange genug gewartet habe und daß er jetzt erst in Krogaspe vorbeikommt? ...

Jetzt glaube ich...

Müde bin ich geh zur Ruh, schließe beide Äuglein zu...“

Opa las schon wieder in der Zeitung.

„Opa, ob er mich gehört hat?“

„Das wird er. Sieh mal, der soll doch überall sein.“

„Soll ich's noch einmal probieren?“

„Nun schlaf man, der war hier. Der weiß, wann du schlafen gehst.“

Ich schlief beruhigt ein.

Ich hatte mit Opa Abendbrot gegessen.

„Du hast nun studiert. Ich war ja auf der Volksschule. Haben Sie euch das auch so erzählt von dem jüngsten Gericht? Ich denke anders darüber.

Nach dem Tod will doch jeder endlich Frieden. Aber ich denke, wenn ich gefragt werde, dann werde ich sagen: Ich bin ein einfacher Mann. Ich war auf der Volksschule. Ich habe mich daran gehalten, was ich in der Schule gelernt habe.“ „Ich weiß es auch nicht, Opa. Wer kennt schon die Wahrheit?“ „Ich kenn' sie nicht und doch mache ich mir meine Gedanken.“

Mein Opa sprach mit so großem Ernst, daß ich ihn buchstäblich vor mir sehe, wie er in aller Aufrichtigkeit vor Gottvater steht.

Einen Dialog zu führen muß gelernt werden.

Eine Kollegin sagt: „Es ist schwierig in einer Gruppe von fünf Leuten auf alle einzugehen. Die reden alle durcheinander. Wenn ich sage, daß nur einer reden kann, klappt es nicht.“ Ich gebe ihr zu bedenken:

„Still sein heißt noch nicht, zuhören zu können.

Zuhören muß jeder lernen.

Das Zuhören lernen wir nur von jemanden, der uns zuhört, nicht von jemanden, der zu uns sagt: ‚Sei still‘.

Höre einem nach dem anderen immer im Kreis herum zu. Irgendwann gibt es ein Thema, daß alle interessiert. Dann hören sie alle zu.“

Der Vorwurf der Lehrer an die Schüler, daß sie oft nicht bei der Sache sind, ist unbegründet. Sie sind immer bei einer Sache. Die

Aufgabe der Lehrer ist es, dahinterzukommen, bei welcher Sache jemand ist. Die Arbeiterinnen und Arbeiter wirken manchmal während des Unterrichts abwesend. Es kommen traumatische Ereignisse, die sie nie verarbeiten konnten, während der Lernsituation hoch:

Kurt liest plötzlich nicht mehr weiter. Sein Mund beginnt zu zittern. Er kann plötzlich nicht mehr die Buchstaben benennen, die er schon so gut erkannte. Ich sage zu ihm: „Es ist nicht leicht für Dich die Angst beim Lesen zu vergessen." Er beginnt zu weinen. Er nimmt den Bleistift in die Hand und hält sich daran fest. „Ich bin doch mißhandelt worden – auf dem Boden – festgebunden –. Mein Stiefvater – du lernst das Lesen noch – du lernst das Lesen noch..." Es wird still in der Gruppe, anhaltendes Schweigen. Karin wischt sich die Tränen aus den Augen. „Ich verstehe Dich. Du mußt das vergessen!"

Horst ist plötzlich nicht mehr bei der Rechenaufgabe. Sie ist ihm entfallen. „Horst, hast Du die Aufgabe gehört, die ich Dir gestellt hatte?" „Doch, gehört ja – aber da war ich weg. Ich war doch drei Monate im Koma. Die hatten mich doch beim Baden ins Wasser geschmissen, aus dem Boot 'raus. Da war ich solange weg... bis ich aufgewacht bin. Daran habe ich eben gedacht."

Karl kommt regelmäßig in die Leseanfängergruppe. Er setzt sich schweigend auf seinen Platz, schlägt sein leeres Heft auf und legt den Bleistift und den Radiergummi daneben. Einmal lege ich ihm Buchstaben hin: „Hier, versuche doch mal das Wort zu legen." Er schiebt sie schweigend zur Seite. Ein anderes Mal schreibe ich ihm etwas ins Heft. Ich denke, daß er es vielleicht abschreiben wird. Er nimmt den Radiergummi und radiert säuberlich aus, was ich ihm in sein Heft geschrieben habe. Ich bin ratlos. Er kommt pünktlich und regelmäßig. Nach jeder Stunde verabschiedet er sich mit Handschlag von mir und sagt: „Bis Dienstag." Ich spreche mit seinem Gruppenleiter: „Freuen Sie sich, daß er überhaupt kommt. Was glauben Sie, als der hier anfing, da hat er mit niemandem ein Wort gesprochen. Dann fing er langsam an mitzuarbeiten, aber gesprochen hat er mit keinem von uns. Der guckt sich das erstmal in Ruhe an, was da los ist. Die Hauptsache ist, daß er kommt. Mancheiner wird ja auch vom Zugucken klüger."

Inzwischen lernt er lesen.

Hans trägt eine Plakette gegen Ausländerfeindlichkeit. Er hat große Angst vor den Skins.

Er begrüßt mich im Unterricht: „Ich komm' von der Polizeistation 4. Ich bin ein UFO. Glauben Sie mir nicht? Ich bin nämlich nicht ich. Ich bin ein anderer. Du hast gesagt, daß ich ein schöner Junge bin. Stimmt auch. Ich bin kein Türke. Ich habe mir den ganzen Bauch zerschnitten. Seh' ich wirklich aus wie ein Türke? Manche sagen das. Aber ich bin kein Türke. Gott sei Dank! Ich bin nämlich nicht von dieser Welt." Ich antworte: „Doch, Du bist von dieser Welt."

Er entgegnet: „Nein, das bin ich nicht. Ich bin nicht von dieser Welt. Möchtest Du von Dir sagen, daß Du von dieser Welt bist? Von einer Welt, in der die Menschen die Kinder aus den armen Ländern verhungern lassen? Von einer Welt, in der Kinder ausgesetzt werden? In der Menschen Menschen töten? Von der Welt willst Du sein? Nein, von der Welt bin ich nicht. Will ich auch nicht sein. Ich nicht!" Hans ist ganz rot im Gesicht geworden. Dann holt er sich das Rechenheft aus dem Schrank und rechnet Aufgaben, die aus Geheimzeichen bestehen, die nicht aus dieser Welt sein sollen:

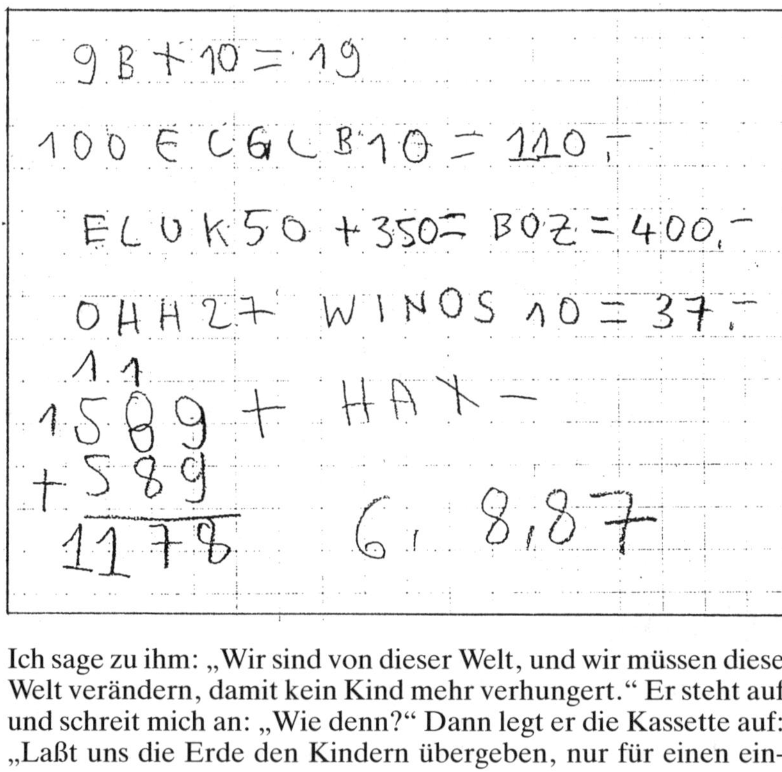

Ich sage zu ihm: „Wir sind von dieser Welt, und wir müssen diese Welt verändern, damit kein Kind mehr verhungert." Er steht auf und schreit mich an: „Wie denn?" Dann legt er die Kassette auf: „Laßt uns die Erde den Kindern übergeben, nur für einen einzigen Tag, dann wird die Erde die Freundschaft kennenlernen." (10)

Der Text ist von Nazim Hikmeth, der 13 Jahre in der Türkei im Gefängnis saß.

Eine Arbeiterin ist in eine Nervenklinik in die geschlossene Abteilung gekommen, weil sie Stimmen hört, die sie einerseits zu aggressiven und andererseits zu autoaggressiven Handlungen verleiten.

Sie hat Haldol verschrieben bekommen und alle Erscheinungsformen des Parkinson ausgebildet. Sie kann vor Zittern die Tasse nicht in der Hand halten, ihre Stimme klingt, wie die Stimme einer alten Frau. Sie kann nur noch eingehakt Schritt für Schritt gehen.

Ich versuche ihr klarzumachen, daß ihre inneren Stimmen äußere Stimmen sind: „Wer sind die Menschen, die das zu Dir gesagt haben, was Deine inneren Stimmen zu Dir sagen?" Je genauer sie die Personen erkennt, deren Gedanken sie für ihre eigenen hält, um so erleichterter ist sie nach jedem Gespräch. Nachdem wir darauf gekommen sind, daß s i e weder sich noch jemand anderen zerstören will, versucht sie sich selbst bewußt zu werden, wie sie über sich denkt. Wir verabreden, daß immer wenn die Stimmen kommen, sie mit ihrem Bewußtsein laut sprechend darauf reagieren soll. Sie sagt dann u.a. zu sich: „Ich möchte wieder gesund werden. Ich möchte wieder zur Schule gehen. Ich kann noch so viel lernen. Ich bin tüchtig, ich bin hübsch, ich bin eine ganz tolle Frau." Sie verspricht mir, wenn sie nicht genug Kraft in sich fühlt, sich gegen ihre inneren Stimmen zu wehren mich anzurufen. Sie ruft mich an und ich fahre los.

Ich denke, das wichtigste Prinzip des Dialogs ist, daß die Gesprächspartner miteinander herausfinden, wer sie wesentlich sind. Wie wichtig dies ist, zeigen z.B. Gespräche mit Jens:

Der Nippelkönig

Christel: „Ich hab' gehört, daß Du der Nippelkönig bist."

Jens: „So bleibt es auch. Und ihr seid alle meine Untertanen. Ihr müßt mir gehorchen. So wahr ich der Nippelkönig bin, jawohl ja, und der Stuhl mit zwei Lehnen ist mein Thron. Ich suche nur noch eine richtige Nippelkönigin. Wo krieg ich denn bloß eine waschechte Nippelkönigin her, die zu mir paßt. Die, die zu mir sagen muß: ‚Majestät'. Ich habe jetzt eine schwarze Nippelkönigkrone. Die zwei aus Pappe waren so schmutzig, daß ich sie wegschmeißen mußte. Eine andere Arbeit habe ich jetzt. Wir packen jetzt P14 ein in Kartons."

Christel: „Macht Dir die Arbeit Spaß?"

Jens: „Ich muß immer fünf hinlegen und drei und dann schieb ich die P14 zu Detlef."

Christel: „Was ist denn ein Nippelkönig?"

Jens: „Ich hab so viel geschafft, daß Herr K. gesagt hat, jetzt mach ich Dir eine schöne Nippelkrone. Ich hab' sie immer getragen. Auf einmal hab ich gesehen, die ist ja viel zu schmutzig. Da hat mir Herr K. eine schwarze Nippelkrone gemacht."

Christel: „Was ist das für ein Gefühl?"

Jens: „Herrlich. Ich muß dringend ein richtiges Zepter und einen richtigen Reichsapfel haben. Wo krieg ich denn bloß einen richtigen Reichsapfel her?"

Christel: „Warum willst Du denn überhaupt einen Reichsapfel, ein Zepter und eine Krone haben? Könige machen keine Nippel."

Jens: „Das ist aber meine Lieblingsarbeit."

Christel: „Du bist der beste Arbeiter in der Gruppe."

Jens: „Ja, aber ich bin doch ein echter Nippelkönig, oder willst Du mit mir einen Streit anfangen?"

Christel: „Ich bestreite nicht, daß Du ein hervorragender Arbeiter bist. Herr K. wollte Dich auszeichnen. Er wollte Dir sagen: ‚Du hast am fleißigsten aus der Gruppe gearbeitet'."

Jens: „Ja, das stimmt."

Christel: „Auf Deine Arbeit bist Du stolz."

Jens: „Ja – naja – tscha, na klar bin ich stolz."

Christel: „Jens, bist Du stolz auf Deine Arbeit oder auf die Krone?"

Jens: „Beides würde ich sagen, beides."

Christel: „Herr K. hat gedacht, Jens ist der beste Arbeiter unserer Gruppe. Er hat viel für unsere ganze Werkstatt getan. Er hat mit seiner Arbeit die Gruppe unterstützt. Du hast für die Schwachen in der Werkstatt mitgearbeitet, weißt Du das?"

Jens: „Ich seh' doch die Schwachen gar nicht."

Christel: „Wenn Du keine Nippel machst und wenn Du keine Krone auf dem Kopf hast, kannst Du dann noch stolz sein?"

Jens: „Ja."

Christel: „Worauf?"

Jens: „Auf die Arbeit, die ich jetzt mache, P14. Ich bin Nippeldreher."

Christel: „Das warst Du. Und was bist Du jetzt?"

Jens: „Oh, das mußt Du mir jetzt sagen, was ich sein soll. Meine Mutti hat zu mir gesagt, daß ich ein Arbeitsmann und kräftig bin."

Christel: „Also Du bist ein Arbeitsmann von Beruf."

Jens: „Ja, das bin ich."
(Jens macht eine Faust.)

Christel: „Bist Du stolz, ein Arbeitsmann zu sein?"

Jens: „Ja, bin ich."

Christel: „Woran erkennt man einen Arbeitsmann?"

Jens: „An seiner Kleidung."

Christel: „Was trägt er?"

Jens: „Weiß nicht."

Christel: „Manche tragen hier in der Werkstatt einen blauen Kittel."

Jens: „Ja, wie Erich."

Christel: „Woran erkennt man denn noch einen Arbeitsmann? Was hat er in der Hand?"

Jens: „Der hat P14 in der Hand. Der hat Schellen in der Hand und Nippel. Er hat eine große Matte und P5-Ringe."

Christel: „Weißt Du, wozu die Nippel gebraucht werden?"

Jens: „Die werden gebraucht für Maschinen und Autos. Nur die P5-Ringe, da weiß ich noch nicht, wofür die sind."

Christel: „Jens, Herr K. hat gesagt, daß Eure Gruppe mit P 14 viel mehr Geld verdient als mit Nippel."

Jens: „Das finde ich ganz toll. Ich muß Herrn K. mal fragen, wozu die P 14 gebraucht werden, die wir produzieren, die wir herstellen."

Christel: „Was würdest Du lieber machen, P 14 oder Nippel, wenn du weißt, daß Eure Gruppe bei P 14 sehr viel mehr Geld verdient?"

Jens: „Ich würde lieber Nippel machen, meine Lieblingsarbeit."

Christel: „Warum ist das Deine Lieblingsarbeit?"

Jens: „Die sind so schön gebogen, die Gewinde oben. Ich möchte wissen, wozu die P 14 gebraucht werden von Herrn K.?"

Christel: „Das interessiert Dich jetzt?"

Jens: „Jetzt, ja."

Jeder Mensch sehnt sich nach einem Dialog. Menschen mit geistiger Behinderung finden selten Gesprächspartner, die sich auf sie einlassen. Das ist auch der Grund, weswegen sie sich meistens mit sich selbst unterhalten z. B. in den Pausen auf dem Flur, auf der Straße oder im Bus. Jens beschreibt seine Einsamkeit:

Ich bin so einsam

Jens: „Wenn ich nach Hause komme, dann bin ich ganz schön einsam. Die einzigen, die mir hier noch helfen können, sind meine Plüschtiere.
Die können aber nicht sprechen. Nein.
Mein Hase ist so stumm.
Mein Äffchen ist so still.
Abends, wenn ich schlafen gehe, kein Bäh mehr.
Seine Stimme ist weg. Er kann nur noch mit dem Köpfchen nicken.
Dreimal heißt: ‚Gute Nacht, Jens.'
Was kann ich tun gegen die Einsamkeit?
Können Sie mir einen Tip geben?
Genau.
Ich habe mich so auf die Stimme meines Brummels gefreut, aber jetzt bin ich nur noch enttäuscht, mein armer Brummel."

Christel: „Konnte Brummel denn mal sprechen?"
Jens: „Nein, nur bähen."
Christel: „Jetzt kann er nicht mehr bähen?"
Jens: „Nein, nicht mehr. Wenn ich nachts seine Pfote nehme und mit ihm schlafe, dann ist er still.
Was soll ich dagegen tun?"
Christel: „Konnte er denn schon mal bähen?"
Jens: „Ja, vorher. Seine Stimme ist weg.
Mein Wamsi ist verbrannt worden."
Christel: „Von wem?"
Jens: „Von meinen Eltern."
Christel: „Warum?"
Jens: „Weil er so kaputt war. Da mußte ich ihn verbrennen. Der konnte noch bähen. Dann haben mir meine Eltern Brummel besorgt aus der DDR. Anfangs konnte er bähen, wunderbar.
Aber jetzt nicht mehr.
Mein Äffchen war mit in Bad Füssingen.
Ich danke Dir, daß Du meinen Zettel ausgefüllt hast. Da kann ich am 6. September endlich einmal ins Kino. (Wir sehen uns einen Dokumentarfilm über unseren Modellversuch an. Jens durfte zuerst nicht mit.)
Gib mir einen Rat, was ich gegen die Einsamkeit tun kann."
Christel: „Hast Du einen Freund?"
Jens: „Susi und Michi sind noch kleine Kinder. Michi geht schon zur Schule.
Was soll ich gegen die Einsamkeit tun? Ich habe keinen Freund. Ich habe eine Freundin, die ist aber in der Werkstatt. Die heißt Margret."
Christel: „Aber das ist doch wunderbar."
Jens: „Aber schau doch mal, nicht zuhause in meinem Zimmer. Da bin ich einsam."
Christel: „Besucht sie Dich nie?"
Jens: „Einmal im Jahr, wenn ich Geburtstag habe. Der Flur ist zu eng für sie."
Christel: „Wieso?"
Jens: „Die kommt mit dem Rollstuhl so schwer raus. (Nach einer längeren Pause.)
Ich möchte zu Weihnachten den Hirtenjungen und den Wolf spielen. Den Wolf soll mein Vater spielen.

Ich bin der Hirtenjunge."

Christel: „Was machen die zwei?"

Jens: „Der Hirtenjunge wird dann vom Felsen runterrufen: ‚Hilfe, ein Wolf, Hilfe! Er frißt die Schafe!' Die Dorfbewohner hören den Hirtenjungen."

IV. Das Lob und der Tadel

R. Lengert erinnert in seinem Aufsatz: „Der reduzierte Schülerbegriff in den empirisch-analytischen Lerntheorien“ an die Auffassung Kants, daß „Strafen mit Behutsamkeit ausgeübt werden müssen, damit nicht eine indoles serviles (knechtischer Charakter) entspringe. Daß man Kindern Belohnungen erteilt, taugt nicht – es entspringt daraus eine indoles mercenaria (bestechlicher Charakter).“ (11)

Wenn sich die Lehrerinnen und Lehrer entschließen, weitgehend auf Strafen für schlechte Leistungen und unangepaßtes Verhalten zu verzichten und es vorziehen, die Kinder zu loben, dann bewirken sie, daß anstelle von knechtischen Charakteren zunehmend bestechliche Charaktere erzogen werden.

In diesem Sinn scheint es mir notwendig, das Prinzip von Lob und Tadel, das in unserer Gesellschaft wesentlich das Lehrer-Schülerverhältnis bestimmt, zu betrachten. Das Prinzip von Lob und Tadel ist das Prinzip von Herrschaft und Unterordnung. Ein bestechlicher Mensch ist würdelos, da er mit seinem Unterdrükker ein gemeinsames Spiel macht. Lob wirkt wie eine Droge. Lob macht abhängig. Lob gibt dem Gelobten immer ein Gefühl von Ohnmacht und dem Lobenden ein Gefühl von Macht.

Als ich diese These auf einer Lehrerfortbildung darstellte, war es so, als wenn ich in ein Wespennest gestochen hätte. „Wenn ich nicht einmal mehr loben darf, was soll ich denn machen?“

„Ich dachte immer Lob ist gut und Tadel ist schlecht. Lob ist das Gegenteil von Tadel.“

„Ich denke, daß wir ohne Lob gar nicht auskommen. Was soll ich denn sagen, wenn jemand etwas gut gemacht hat?“ „Die Kinder erwarten doch, daß wir sie loben.“

„Wenn etwas richtig ist, dann muß ich das Kind doch loben.“ „Wenn ich ein Bild, das eine Schülerin gemalt hat, schön finde, dann muß ich es ihr doch sagen.“

„Wenn ein Kind sich Mühe gegeben hat, dann wartet es doch auf eine Bestätigung.“

Ich antwortete sinngemäß darauf: „Wenn ein Kind etwas richtig gerechnet hat, dann ist es richtig. Wenn es etwas falsch gerechnet hat, dann ist es falsch.“ Das Kind, das richtig gerechnet hat, bekommt eine neue Aufgabe. Das Kind, das falsch gerechnet hat, bekommt die Möglichkeit den Fehler zu begreifen. Richtig und falsch – beide Erfahrungen machen das Lernen spannend.

Nicht umsonst heißt es, „aus Fehlern kann man lernen“. Wenn der Lehrer „richtig“ zu einer richtigen Lösung sagt und „falsch“ zu einer falschen, dann ist das weder Lob noch Tadel. Erst wenn mit dem „richtig“ oder „falsch“ Konsequenzen verbunden werden, wie z.B. Bevorzugungen, Benachteiligungen, Angenommenwerden, Abgewiesenwerden usw., dann wird aus der Feststellung „Ich habe richtig gerechnet“ die Vorstellung „Ich bin ein guter Schüler“ und aus der Feststellung „Ich habe mich verrechnet“ die Vorstellung „Ich bin ein schlechter Schüler“.

„Er (der Schüler) macht durch Lob und Tadel eine Erfahrung über sich als Person; die Freude über den Lernerfolg kippt um in die Freude über seinen persönlichen Wert. Es erfolgt dann leicht eine unerwünschte Motivfixierung auf Lohn und Strafe, von denen dieser Wert abhängt.“ (12)

Meine Zeichenlehrerin hat nie zu mir gesagt: „Dein Bild ist gut, oder dein Bild ist schlecht.“ Sie hat gesagt: „Warum hast du die Aster gemalt?“ Ich habe geantwortet: „Die Aster ist meine Lieblingsblume.“ „Glückliches Kind, das eine Lieblingsblume im Park hat.“ Sie hat nicht gesagt: „Das ist gut, wie du mit dem Ton umgehst“, sondern sie hat gesagt: „Seht euch Christels Gesicht an, es glüht, sie ist ganz vertieft in ihr Werk.“

Gelobt hat mich einmal meine Klassenlehrerin, als ich in der Sexta war. Ich wäre fast gestorben. Nach einer Serie von Fünfen hatte ich in einer Englischarbeit eine Zwei geschrieben. Sie hielt das Heft hoch und sagte: „Alle aufstehen, außer Christel. Christel hat eine Zwei geschrieben.“ Alle klatschten. Ich höre das Klatschen heute noch in meinen Ohren. Für alle war klar, daß es etwas besonderes ist, wenn ich eine Zwei schreibe, das bedeutet so viel wie: „Ein blindes Huhn findet auch einmal ein Korn.“

Lob heißt so viel wie: „Du bist so, wie ich Dich haben möchte. Ich bin einverstanden mit Dir. Du funktionierst in meinem Sinn. Wenn Du Dich in meinem Sinn verhältst, dann hast Du auch nichts zu befürchten.“

Das Prinzip von Lob und Tadel verhindert den Weg, Selbstbewußtsein zu erlangen.

Lobessüchtige Schülerinnen und Schlüler versuchen dahinterzukommen, wie die Meinung ihrer Lehrerinnen und Lehrer sein könnte und äußern diese. Die Lehrerinnen und Lehrer hören im Unterricht weniger die Schülergedanken als vielmehr ihr eigenes Echo. Ein Kollege fragte mich: „Wenn wir nicht mehr loben, was sollen wir stattdessen machen?“ Ich antwortete: „Wenn wir nicht mehr loben, dann hören wir auf, andere Menschen unseren Bedürfnissen entsprechend zu beurteilen und zu manipulieren. Wir machen uns auf den Weg, sie zu verstehen und dabei lernen wir uns selbst zu verstehen. Wir müssen lernen, die Schülerinnen und Schüler anzuerkennen. Anerkennung ist die Überwindung von Lob und Tadel. Anerkennung bedeutet, daß sich ein Mensch am anderen Menschen erkennen kann. Ich erkenne an Dir mich selbst – Du bist mein Spiegel, wie ich ein Spiegel für Dich bin.“ Es fällt mir schwer, Situationen zu erinnern, wo ich Anerkennung erfahren habe. Ich erinnere nur ein Erlebnis, das ich immer wieder zitiere:

In der Untertertia sollten wir ein Bild beschreiben ‚*Die roten Pferde*‘ von Marc. Ich schrieb: „Die roten Pferde von Franz Marc würde ich mir nicht ins Zimmer hängen. Es gibt in der Natur keine roten Pferde. Ich würde mir lieber eine Heidelandschaft hinhängen...“ Als wir die Arbeit zurückbekamen, erschrak ich, als ich hörte, was meine Klassenkameraden geschrieben hatten, z.B. wie sich das Blau mit dem Gelb die Waage hält und wie die roten Pferde zum Leuchten kommen usw. Die Lehrerin hatte die Aufsätze zensiert. Unter meinen hatte sie geschrieben: „Muß es ausgerechnet Heide sein?“ Ich ging zu ihr und erklärte: „Zu Hause haben wir ein Heidebild im Zimmer hängen. Ich mag es leiden. Meine Mutter und meine Schwestern haben es von einem Maler für 20 Mark gekauft. Als wir noch auf dem Dorf gewohnt haben, da sah es so ähnlich aus wie auf dem Bild.“ – „Du meinst, daß die Heide auf dem Bild so dargestellt ist, wie Du sie erlebt hast?“ – „Ja, genau so.“ – „Franz Marc hat die Pferde so gemalt, wie er sie gesehen hat: feurig.“ – „Sie meinen, die Maler malen die Bilder immer so, wie sie die Dinge sehen? Mein Maler sieht die Heidelandschaft so, wie ich sie sehe. So, wie Marc die Pferde sieht, sehe ich die Pferde nicht.“ Sie zeigte mir dann ein Bild von Paul Klee: ‚*Das Wachstum*‘. „Ihn interessiert das Wachstum der Pflanzen. Kunst macht Unsichtbares sichtbar, sagt er.“ – „Ich habe als einzige keine Note!“ – „Nein – keine Note. Weißt Du, wenn Du Deine Bilder malst, Deine Aufsätze schreibst, dann spüre ich, daß Du nicht fragst, ob *mir* Deine Arbeiten gefallen – dann schau ich Dir still zu, einmischen darf ich mich nicht... frag *mich* nicht.“ *Sie drückte mir die Hand. „Wir zwei sind zu verschieden... Du gehst Deinen Weg... und das sollst Du...“* (13)

Wenn ich Anerkennung erfahre, erfahre ich mich selbst. Wenn ich gelobt oder getadelt werde, höre ich, wie jemand anders über mich denkt. Ich erfahre ihn.

Es gibt viele Möglichkeiten, sich anderen Menschen mitzuteilen: Freude – Anerkennung – Erstaunen – Verständnis – Betroffenheit – Kritik – Sprachlosigkeit – usw. Alle Äußerungen haben aber nichts mit Lob und Tadel zu tun.

V. Das stufenweise Lernen – beispielhaft dargestellt am Leseunterricht

Ich gehe davon aus, daß Lernen kein linearer Prozeß ist, sondern in Stufen verläuft, die aufeinander aufbauen. Das Erlernen der Schriftsprache setzt z. B. das Erlernen der Lautsprache voraus. Die Lautsprache setzt die Aneignung der Bedeutung der gegenständlichen Umwelt voraus.

Das große Problem in der Arbeit mit den Arbeiterinnen und Arbeitern der Werkstatt ist, daß ihnen die notwendigen Voraussetzungen für den Erwerb der Schriftsprache fehlen. Der Leseunterricht müßte daher zuerst alle Stufen, die für den Erwerb der Lautsprache notwendig sind, ermöglichen, bevor überhaupt die Schriftsprache sinnvoll gelernt werden kann.

Die Ausbildung der Sinne Hören, Sehen, Schmecken, Fühlen und Riechen erfolgt während des Umgangs mit Gegenständen, die den Bedürfnissen der Arbeiterinnen und Arbeiter entsprechen und sie zu sinnvollen Handlungen für sich selbst bewegen. Diese bedürfnisorientierten Handlungen mit Gegenständen und das Kennenlernen ihrer Funktion während der Tätigkeit müßte daher der Ausgangspunkt für den Leseunterricht sein.

Diesem grundlegenden Prinzip, die Sprache handelnd zu lernen, bin ich nur ansatzweise gerecht geworden. Ich muß mich bemühen diesen Mangel zu beheben, denn das größte Problem der Arbeiterinnen und Arbeiter ist die von klein auf reduzierte Wahrnehmung und die reduzierte Tätigkeit in ihrer Umwelt. Wenn die Dinge in der Umwelt keine Bedeutung für sie haben, dann haben die Bezeichnungen für sie erst recht keine Bedeutung. Dann ist der Erwerb der Sprache und viel mehr noch der Erwerb der Schriftsprache so sinnlos wie die Sprachanbahnung bei einem Wellensittich.

Lesenlernen bedeutet Sinnentnahme zu praktizieren. Außerdem muß der Leser bei jedem Wort und jedem Satz in den Dialog mit dem Autor des Geschriebenen treten. Ein anderes Lesen ist sinnlos.

Zunächst möchte ich einige wesentliche Prinzipien des Leseunterrichts darstellen, die ich weitgehend verwirklichen konnte. Dem Lernenden darf im Unterricht keine Falle oder unüberwindbare Barriere aufgestellt werden, sondern er muß lernen, die Hürde zu überwinden, die er gerade noch mit Anstrengung nehmen kann. Wenn der Lehrer feststellt, daß ein Lernender den Stoff nicht bewältigt, muß er ihn darüber aufklären, daß der Lehrer aus Unwissenheit, Unachtsamkeit oder falschem Ehrgeiz einen Fehler gemacht hat und daß er nicht von der Lernstufe, auf der sich der Lernende befindet, ausgegangen ist.

Der Unterricht muß – wie Wygotski sagt – „Schrittmacher" von einer Niveaustufe des Lernenden auf die nächst höhere sein. Um dies zu erreichen, muß eine bestmögliche Analyse der jeweiligen Lernsituation vorliegen. Jeder Lernende kann nur von der Stufe aus, auf der er sich in seiner Entwicklung gerade befindet, gefördert werden.

In der Leseanfängergruppe war die Angst, das Lesen nie richtig lernen zu können, für alle Arbeiterinnen und Arbeiter ein Problem. Unter den zehn Teilnehmern der Anfängerlesegruppe waren vier Linkshänder und zwei mit einer Überkreuzdominanz. Bei den letztgenannten arbeiten das dominante Auge und die dominante Hand nicht synchron. Dennison ist der Meinung, daß eine Überkreuzdominanz zu Lernblockaden führt. (14)

Bei den Linkshändern tritt das Problem auf, daß die meisten von ihnen ihre Augen von rechts nach links bewegen.

Fast alle Leseanfänger verbinden mit dem Lesenlernen Mißerfolgserlebnisse. Einige von ihnen haben gelernt, die Buchstaben nach der Buchstabiermethode zu benennen, wie z. B.: „F" wie „EF" – „B" wie „BEH" – „K" wie „KAH" usw. Es war sehr schwierig, sie vom Buchstabieren der Buchstaben zum Lautieren zu bringen. Das Lautieren ist aber die Voraussetzung für die Buchstabensynthese, die niemand von ihnen beherrschte. Einigen war der Umgang mit Buchstaben völlig fremd. Doch das war für sie ein Vorteil. Sie konnten ganz von vorne anfangen und brauchten Falschgelerntes nicht erst wieder abbauen.

Die Arbeiterinnen und Arbeiter wurden in zwei Gruppen mit je 5 Teilnehmern unterrichtet. Ich hatte den Unterricht entsprechend der Aneignungstheorie Galpernis aufgebaut. (15, 16) Danach findet Lernen in folgenden Stufen statt, die aber als Einheit einen Lernschritt bilden:

- Motivation
- Orientierung
- Die Handlung mit Gegenständen
- Die bildhafte Darstellung der Handlung (Materialisation)
- Die lautsprachliche Darstellung der Handlung (Verbalisation)
- Die gedankliche Erarbeitung der Handlung (Interiorisation)

Ich stelle diese Stufen beispielhaft am Erlernen der Buchstaben dar:

1. Motivation

Viele Lehrerinnen und Lehrer verstehen unter dem Begriff Motivation, daß die Schülerinnen und Schüler bereitwillig lernen wollen, was sie lernen sollen. Um dieses Ziel zu erreichen, bestrafen oder belohnen sie sie. Es gibt aber auch elegantere Wege, wie z. B. die Schülerinnen und Schüler neugierig zu machen, sie vor konstruierte Probleme zu stellen, Leistungskontrolle als Wettkampf zu gestalten usw. Ich versuche den Begriff Motivation aus der Sicht der Tätigkeitstheorie zu erklären. Lernen findet immer nur in einem tätigen Verhältnis zur Umwelt statt. Die Tätigkeit der Menschen bildet die Sinne aus, bringt Leib und Seele hervor. In der gemeinsamen Tätigkeit mit anderen Menschen wird ihnen zunehmend bewußt, was ihre Tätigkeit für andere Menschen bedeutet und was andere Menschen für sie bedeuten. Wenn die Tätigkeit, die auch als Denkarbeit Tätigkeit ist, für die Menschen persönliche Befriedigung zur Folge hat, dann nehmen sie diese und gleichzeitig sich selbst als sinnvoll wahr. So können die Menschen durch ihre Tätigkeit Schöpfer ihres persönlichen Sinns werden und sind dann motiviert. Aus den wechselseitigen Bedeutungen, die sie einerseits füreinander verwirklichen, bildet sich andererseits auf immer höherem Niveau bei jedem einzelnen Menschen der persönliche Sinn heraus.

Lehrerinnen und Lehrer, die in ihrem Unterricht die Schülerinnen und Schüler im Sinne der Tätigkeitstheorie motivieren, bemühen sich darum, daß sie bei allen Tätigkeiten immer ihren persönlichen Sinn finden und die objektive gesellschaftliche Bedeutung erkennen, die ihre Tätigkeit für andere hat. Nichts anderes meinte Jesus als er sagte: Liebe deinen Nächsten wie dich selbst. Wygotski würde sagen: Liebe deinen Nächsten, damit du dich selbst lieben lernst.

Bevor wir in der Werkstatt mit dem Lesenlernen beginnen, sollen daher alle Arbeiterinnen und Arbeiter herausfinden, warum und zu welchem Zweck sie lesen lernen wollen, d. h. welches Motiv sie haben. Daher ist es notwendig, daß alle, die am Kurs teilnehmen, Zeit bekommen, ihre Motive zu formulieren und sie in der Gruppe mit den anderen zu besprechen. So will Ralph zum Beispiel lesen lernen, damit er seine Freundin besuchen kann; Marita will schreiben lernen, weil sie Briefe schreiben möchte; Carmen will lesen lernen, damit sie hinter ihren Geschwistern nicht zurücksteht usw.

Darüber hinaus denken die Arbeiterinnen und Arbeiter darüber nach, ob sich hinter ihren vordergründigen Wünschen viel tiefere Wünsche verbergen. Stefan sagt: „Ich gehe in die Schule, weil ich es mir selbst beweisen will, daß ich nicht geistig behindert bin. Ich will die Achtung vor mir selbst wieder gewinnen." Einerseits ist es notwendig, daß wir Lehrerinnen und Lehrer von den Motiven der Arbeiterinnen und Arbeiter ausgehen, andererseits bauen wir für die Lernenden Motive auf, die alle Personen miteinander verbinden. Ein solches Motiv ist bei allen, ihr Scheitern in der Schule zu begreifen.

2. Orientierung

Der schlechteste Baumeister unterscheidet sich von der besten Biene darin, daß er einen Plan im Kopf baut, bevor er seinen Bau beginnt. Dieser Plan gibt ihm die Möglichkeit, nicht nur zu erleben, wie durch seine Arbeit außerhalb von ihm ein Gebäude entsteht, sondern auch das Gebäude, von dem er eine Vorstellung in seinem Kopf hat, zu entäußern. Menschen, die gelernt haben, ihren Plan im Kopf in die Tat umzusetzen, erfahren sich in ihrer Tätigkeit selbst und erlangen auf diese Weise Selbstbewußtsein. Wenn Lehrerinnen und Lehrer einen Lernprozeß organisieren, ist es notwendig, daß sie darauf achten, daß die Lernenden planvoll, das heißt mit einer Vorstellung über den Sinn und die Bedeutung ihrer Tätigkeit, ans Werk gehen.

Bevor also ein Gegenstand gefertigt, eine Geschichte vorgetragen, eine Rechenaufgabe gelöst wird, bauen die Lehrerinnen und Lehrer an Hand von Zeichnungen und Modellen oder fertigen Produkten durch das Herausheben wesentlicher Merkmale der Tätigkeit und des Gegenstandes die Orientierung im Kopf auf. Das wichtigste ist, daß sie die Lernenden an deren eigene Erfahrungen erinnern. Die Orientierung ist nicht nur die Grundlage für das Lösen der Aufgaben, sondern auch für das Herausbilden der Aufmerksamkeit. Die Aufmerksamkeit ist kein bloßer Akt der Anstrengung. Sie ist die Fähigkeit, die eigene Tätigkeit mit Hilfe eines Plans im Kopf zu kontrollieren. Aufmerksamkeit ist demnach eine Kontrollhandlung. Das Herausbilden einer Orientierungsgrundlage für jede Tätigkeit ermöglicht dem Lernenden, nicht nur sein Handeln aufmerksam zu begleiten. Es ermöglicht ihm auch, über die zunächst mit anderen ausgeführten Tätigkeiten hinauszuwachsen, da sie die Lernenden zunehmend in die Lage versetzt, eigene Pläne im Kopf zu schaffen und diese selbständig zu verwirklichen. Diese schöpferische Tätigkeit im Kopf ist die Grundlage der Phantasie. Bevor die Arbeiterinnen und Arbeiter mit dem Erlernen der Buchstaben beginnen, erfahren sie Sinn und Bedeutung der Schriftsprache und eine Vorstellung über den Weg der Aneignung. Sie lernen die einzelnen Etappen des Lernweges kennen, auf dem sie ihr Ziel erreichen können.

Ich hatte z. B. von einer Kollegin erfahren, daß sich eine Frau im Alphabetisierungskurs nicht vorstellen konnte, wie sie die tausende von Buchstaben aus den vielen Büchern lernen soll. Daß unsere Sprache glücklicherweise nur aus 30 Zeichen besteht, war ihr nicht bewußt.

Ich machte die Arbeiterinnen und Arbeiter vorher darauf aufmerksam, in welchen Schritten sie lesen lernen können. Ich schrieb folgenden Satz an die Tafel:

Ich arbeite in der Werkstatt.

Ich sagte: „Dies ist ein Satz. Viele Sätze zusammen bilden ein Buch. Es wird noch lange dauern, bis Ihr ein Buch lesen könnt. Es wird aber nicht lange dauern, bis Ihr einen Satz lesen könnt. Am Ende dieses Jahres können die meisten von Euch kleine Sätze lesen. Aber wir können nicht damit beginnen, Sätze zu lesen. Sätze bestehen aus Wörtern, z. B. in diesem Satz kommt das Wort ‚arbeite' vor.

So werdet ihr erst einmal Wörter lesen, denn es ist einfacher Wörter zu lesen als ganze Sätze. Aber Wörter sind am Anfang auch noch zu schwierig. Hört einmal genau hin: Das Wort ‚arbeite' besteht aus drei Silben *ar – bei – te*. Bevor ihr Wörter lesen könnt, müßt ihr lernen Silben zu lesen. Das ist schon einfacher.

Doch wir fangen nicht bei den Silben an, denn die Silben bestehen aus einzelnen *Buchstaben*. Die Silbe *‚ar'* aus den Buchstaben ‚a' und ‚r', die Silbe *‚bei'* aus den Buchstaben ‚b', ‚e' und ‚i', die Silbe *‚te'* aus den Buchstaben ‚t' und ‚e'. Es gibt 27 Buchstaben. Hier sind sie als Holzbuchstaben in diesem Kasten. Wir sehen sie uns einmal alle an. Mehr gibt es nicht. Heute lernen wir zwei Buchstaben und Ihr werdet sehen, daß Ihr es schaffen könnt."

Wenn die Arbeiterinnen und Arbeiter eine Vorstellung von den einzelnen Etappen ihres Lernweges haben, können sie ihren Lernfortschritt daran messen und sehen, wie sie Schritt für Schritt dem Ziel näher kommen.

Orientierungloses Lernen führt sehr schnell zur Resignation. Wenn sie aber den Lernweg überschauen können, werden sie auch die Schwierigkeiten verarbeiten, die zum Lernen dazugehören wie die Erfolge.

3. Die Handlung mit Gegenständen

Wenn die Arbeiterinnen und Arbeiter motiviert sind, Buchstaben zu lernen, und eine Orientierung gewonnen haben, dann kommt es darauf an, ihnen die Aufgabe so zu vermitteln, daß sie sie mit *den* Sinnen aufnehmen können, die am besten funktionieren. Wenn jemand zum Beispiel nicht gut sehen kann, dann ist es für ihn unmöglich, die Buchstaben zu lernen, wenn sie nur an die Tafel geschrieben werden. Der Lernende benötigt große Holzbuchstaben, damit er sie mit seinen Händen wahrnehmen kann. Wenn jemand aber keine Hände hat, oder die Wahrnehmungstätigkeit der Hände eingeschränkt ist, dann kann er sie mit der Zunge wahrnehmen lernen. Dazu bieten sich russisches Brot oder selbstgebackene Plätzchen an.

Er kann auch die Buchstaben mit Hilfe der Füße und der Augen lernen, wie z. B. Christi Brown, der mit Hilfe seines linken Fußes lesen und schreiben lernte. Er konnte weder sprechen noch seine Hände gebrauchen, nur seinen linken Fuß konnte er kontrollieren. Als seine Mutter sah, daß er mit seinem linken Fuß versuchte, seiner Schwester ein Stück Kreide aus der Hand zu reißen, steckte sie ihm das Stück Kreide zwischen die großen Zehen und übte mit ihm den Buchstaben A. (17) Ein Mädchen hat z. B. die Buchstaben gelernt, indem ich sie ihr mit dem Zeigefinger auf den Rücken geschrieben habe.

Harry fühlt den Buchstaben mit der Zunge

Die Aufgabe der Pädagogen ist es, immer die Sinne der Lernenden anzusprechen, die am besten geeignet sind, ein Abbild des Gegenstands im Kopf aufzubauen, und das Werkzeug und das Material anzubieten, womit sie sich am besten entwickeln können.

John Locke sieht das so: „Nichts kommt in den Verstand, was nicht vorher in den Sinnen war. Aber der Verstand kann nichts aufnehmen, was nicht durch die Beziehung auf andere für ihn sinnvoll ist.“ (18)

Lernen mit Sinn und Verstand geschieht aber nur, wenn die Sinne zusammenarbeiten. Wenn die Augen aus dem Fenster schauen, während die Hände den Buchstaben in der Hand halten und die Ohren abgeschaltet haben, dann kann es nicht zu einem einheitlichen Eindruck im Kopf kommen. Bevor z.B. ein Buchstabe von mehreren Sinnen gleichzeitig erfaßt werden soll, lernen die Arbeiterinnen und Arbeiter, sich den Buchstaben mit einem Sinn bewußt zu machen:

„Schließt die Augen und fühlt den Buchstaben mit den Händen.“

„Schließt die Augen und schmeckt den Buchstaben mit der Zunge.“

„Schließt die Augen und hört seinen Laut."
„Öffnet die Augen und betrachtet ihn."
Erst danach werden zwei Sinne oder mehrere miteinander verbunden. „Schließt die Augen, fühlt den Buchstaben mit den Händen und hört seinen Laut" usw.

Auf diese Weise wird das Zusammenarbeiten der Sinne aufgebaut. Man muß immer alle Sinne beisammen haben, sagt schon der Volksmund!

Die inhaltlichen Bedeutungen der Laute (s. S. 39–42) sollen durch meine Vorgabe nicht festgelegt werden. Vielmehr sollten sie immer wieder neu aus den Umweltgeräuschen oder den Sprachgewohnheiten der Lernenden herausgearbeitet werden. Prinzipiell können einige Arbeiterinnen und Arbeiter die Laute nur dann differenziert hören, sich bewußt machen und nicht wieder vergessen, wenn sie eine Bedeutung für sie erhalten. In seinem Aufsatz über die „funktionellen Systeme" stellt Leontjew (19) dar, daß diese, wenn sie einmal gebildet worden sind, nicht verlernt werden können. Erst die Theorie Leontjews über das stufenweise Aufbauen funktioneller Systeme erklärte mir, weswegen einige Schülerinnen und Schüler im Unterricht erfolgreich waren und andere nicht. Diejenigen, die aus den unterschiedlichen Gründen Mißerfolge beim mechanischen Erlernen der Buchstaben und der Laute haben, können sich diese beim besten Willen nicht einprägen, da sie meistens negativ verstärkt oder bestraft werden. Für die meisten Arbeiterinnen und Arbeiter der Leseanfängergruppe waren die Buchstaben Angstauslöser, da die wesentliche Erfahrung, die sie damit gemacht hatten, Angst war. Das Bekräftigungslernen gibt nur erfolgreichen und viel gelobten Kindern eine Chance, sich Buchstaben und Laute ohne Sinn und Verstand zu merken.

Haben diese einmal gelernt, die Buchstaben richtig zu lautieren, werden sie bis an das Ende ihres Lebens dafür durch richtiges Lesen bestätigt.

Das Bekräftigungslernen war für die Arbeiterinnen und Arbeiter zum Scheitern verurteilt, daher habe ich versucht, die Buchstaben und die Laute als funktionelle Systeme aufzubauen.

Ein funktionelles System, d. h. ein Begriff, wird nur aufgebaut, wenn Erfahrungen bezeichnet werden. Unter dieser Bedingung arbeiten beide Hemisphären zusammen. Die rechte Hemisphäre speichert u. a. die Körpererfahrungen, die der Lernende z. B. mit dem Wassertropfen macht, wie er ihn sieht, hört, schmeckt und fühlt. In der linken Hemisphäre wird die sprachliche Bezeichnung DDD gespeichert. Durch das Zusammenarbeiten beider Hemisphären im Augenblick des versprachlichten Erlebens: „Hörst du den Wassertropfen D-D-D? Fühlst du ihn D-D-D, siehst du ihn D-D-D?“ wird dem Erleben die lautsprachliche Bezeichnung zugeordnet und der Bezeichnung das Erleben. Auf diese Weise wird ein Begriff gebildet und ein stabiles funktionelles System entsteht.

Aufbau eines funktionellen Systems:

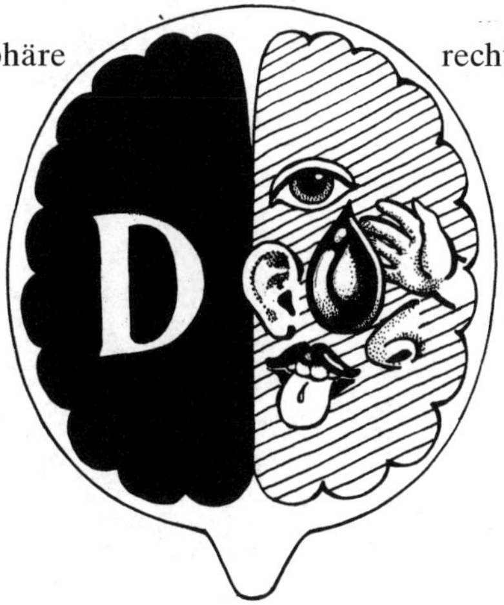

Wenn der Laut D hingegen durch Bekräftigung beim Lernenden aufgebaut wird, kann er ihn wieder vergessen wie eine auswendig gelernte Telefonnummer, die bei Nichtbekräftigung wieder gelöscht wird. Sie verschwindet, da sie weder in den Erfahrungen seines Körpers waren, noch in den Erfahrungen seines Denkens Bedeutung hatte, wieder ins Nichts.

Die Buchstaben und die Laute werden wie folgt gelernt:

	Laut	Erlebnis	Gebärde
Aa	gesprochener Laut	Besuch beim Zahnarzt Rollenspiel	Öffnen der Lippen mit der Hand
Bb	Geräusch eines Glühkopf-motors einer Barkasse (Cassette)	Besuch des Hafens	Finger der rechten Hand berühren die Lippen
Dd	tropfender Wasserhahn	Reparieren eines tropfenden Wasserhahns	Klopfen mit dem Zeigefinger auf den Tisch
Ee	gesprochener Laut	Zuruf Rollenspiel	Erheben der rechten Hand
Ff	Aufpumpen eines Fahrrad-schlauchs	Reparieren eines Fahrrad-schlauchs	Pumpbewegung
Gg	Ausleeren einer Wasserflasche	Abspülen von Flaschen	Griff an die Gurgel
Hh	gesprochener Laut	Putzen der Brille, des Spiegels; erwärmen der Hände	Hauchen gegen die Hand
Ii	gesprochener Laut	Ausruf von Ekel Rollenspiel	Gebärde des Abwendens
Kk	Pfennigabsätze auf Steinfuß-boden	Spazierengehen Rollenspiel	Auftreten mit Fuß

Ll	gesprochener Laut Babysitterblues Ralf Bendix (Cassette)	Rollenspiel mit Babypuppe	Berühren der Zunge mit Zeigefinger
Mm	gesprochener Laut	Essen einer Lieblingsspeise, z. B. Eis	Reiben des Bauchs mit der Hand
Nn	gesprochener Laut	jämmerliches Weinen Rollenspiel	Reiben der Augen
Oo	gesprochener Laut	Ausdrücken von Freude, Überraschung, Erstaunen Rollenspiel	Erheben beider Hände
Pp	gesprochener Laut	Ausdruck des Widerspruchs Rollenspiel	Zeigen mit Zeigefinger an die Schläfe
Rr	Klingeln eines Weckers	Aufstehen am Morgen Rollenspiel	Drehbewegung mit der Hand
Ss	Summen eines Brummers (Cassette)	Spiel mit Faschingsfliege	Nachahmen der Flugbewegung mit Zeigefinger
Tt	Korrekturtaste einer elektr. Schreibmaschine	Schreiben auf der Schreibmaschine	Tippbewegung mit den Fingern
Uu	Ruf der Waldohreule (Cassette)	Besuch im Zoo, ausgestopfte Eule	beide Hände als Unterstützung, U-Ruf
Ww	gesprochener Laut als Heulen des Windes	Erlebnis im Wind evt. Rollenspiel	Armbewegung, die Wegfliegen symbolisiert

	Laut	Erlebnis	Gebärde
Z z	Anreißen eines Streichholzes	Kerzen anzünden	Anreißbewegung
AU au	gesprochener Laut	schmerzhafte Situation Rollenspiel	sich in die Hand kneifen
EI ei	gesprochener Laut	Streicheln, Ausdruck von Zärtlichkeit Rollenspiel	sich die Hand streicheln
EU eu ÄU äu	gesprochener Laut	Ausdruck von Erstaunen Rollenspiel	Bizeps zeigen
CH ch	gesprochener Laut	Schnarchender Mensch einatmen ch_1 ausatmen ch_2 Rollenspiel	beide Hände ans Gesicht legen
ß	gesprochener Laut	Schlange, Zoobesuch oder Spielschlange	Zungenbewegung mit dem Zeigefinger
Sch	Dampflokomotive (Cassette)	Bahnhofbesuch	Stoßbewegung mit der rechten Hand

Den Buchstaben J, Q, V, X, Y, Ä, Ö, Ü haben wir keine sinngebenden Laute zugeordnet. Diese haben die Arbeiterinnen und Arbeiter als Anlaute gelernt.

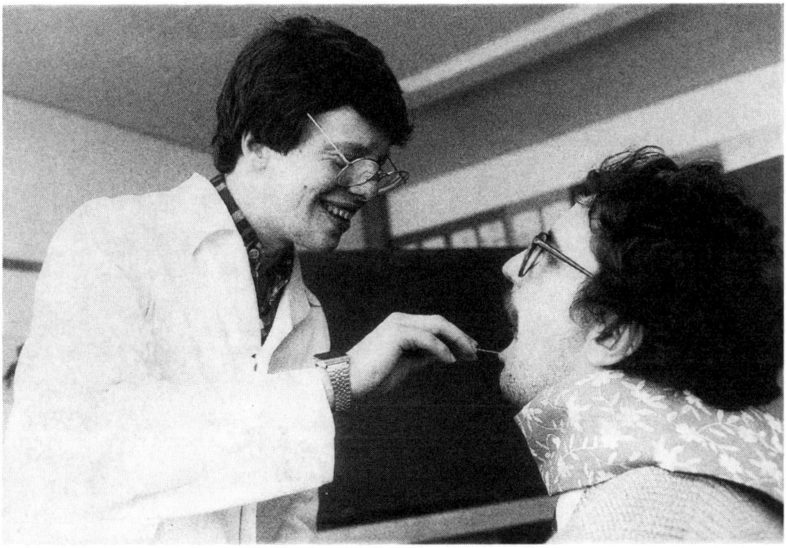

„A“
Harry und Holger spielen einen Besuch beim Arzt

Marita ißt Eis

„M“

Marita schmeckt das Eis

Marita fühlt die Form des Buchstaben M

Marita schreibt ihre Erfahrung auf

4. Die bildhafte Darstellung (Materialisation)

Eine Zwischenstufe von der äußeren Tätigkeit zur inneren Tätigkeit im Kopf ist ihre bildhafte Darstellung. Das Festhalten im Bild ist deshalb so wichtig, weil die Tätigkeit flüchtig ist und nicht reflektiert werden kann. Die Tätigkeitstheoretiker nennen das Festhalten im Bild oder im Modell „Materialisierung". Die Tätigkeit nimmt dann die Form einer Handlung an, weil sie in den Dienst einer anderen Tätigkeit gestellt werden kann, und ab sofort von dieser angeleitet wird.

Wenn der Buchstabe als Laut im Rollenspiel oder während einer Tätigkeit erfahren worden ist, wird er in einer Zeichnung oder einem Photo dargestellt. Erst auf der Stufe der bildhaften Darstellung wird der Buchstabe, der die schriftsprachliche Bezeichnung für den Laut ist, eingeführt. Ich erkläre das so:

„Jetzt habt Ihr ein Bild gemalt, wie Euch der Wecker morgens weckt. Für das Klingeln schreibt Ihr neben den Wecker dieses Zeichen. Das ist das Rrrr. Wenn wir das Bild angucken, dann können wir den Wecker sehen, so wie ihr ihn gemalt habt, und hören, wie er klingelt RRR". Alle bekommen das R als Holz- oder Plastikbuchstaben in die Hände. Die Form wird von den

Arbeiterinnen und Arbeitern beschrieben wie z. B.: „Hier so lang, so ein Strich und oben so rund usw.“ Diejenigen, die ihn nicht gleich abschreiben können, formen ihn vorher aus Plastelin oder sie fahren ein R, das ich aus Sandpapier ausgeschnitten habe, mit dem Finger nach. Andere können ihn auch mit der Zunge wahrnehmen. Aus diesem Grund habe ich russisches Brot mitgebracht.

Die Lernenden stellen Bildkarten zu den sinngebenden Lauten her:

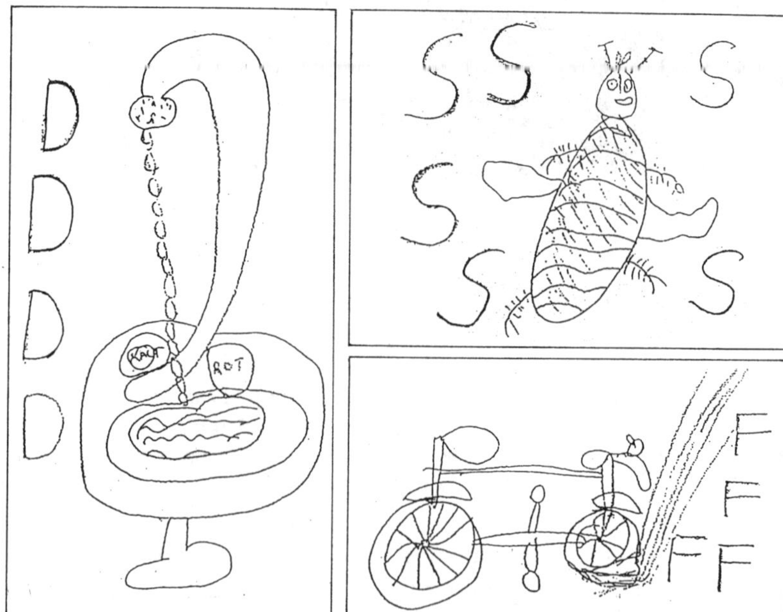

Ein Graphiker hat für die Klasse Bildkarten angefertigt, die an der Wand angebracht sind. Diese Bildkarten sind für das Zuordnen der Laute zu den Buchstaben eine große Hilfe. Wenn eine Arbeiterin bzw. ein Arbeiter den Buchstaben nicht lautieren kann, schaut sie/er an die Wand, erinnert die Handlung, die sie/er mit dem Bild verbindet, und führen die Gebärde aus. Dann fällt ihr/ihm der Laut meistens ein.

a	A

b	B

d	D

e	E

f	F

g	G

h	H

i	I

k	K

I	L

m	M

n	N

o	O

p P

r	R

s S

t	T

u	U

w	W

z	Z

ß

AU	au

ei	EI

EU	eu

ch | CH

sch	SCH

5. Die lautsprachliche Darstellung (Verbalisation)

Nachdem die Arbeiterinnen und Arbeiter die Buchstaben als Laute innerhalb einer Tätigkeit in lebendigen Situationen erfahren und im Bild und der Gebärde dargestellt haben, lernen sie, ohne äußere Hilfsmittel den Schriftzeichen die Laute bzw. den gesprochenen Lauten Schriftzeichen zuzuordnen. Die Lernenden müssen laut sprechen, denn dadurch werden die Vorstellungen von den Tätigkeiten im Kopf hervorgerufen und bewegt. In der Sprechmotorik ist die Tätigkeit mit den Händen und den Gegenständen im dreifachen Sinn aufgehoben:

1. im Sinne von „beendet" (Die Tätigkeit wird für den Denkprozeß überflüssig.)
2. im Sinne von „bewahrt" (Die Tätigkeit bleibt in verkürzter qualitativ veränderter Form in der Sprechmotorik bewahrt.)
3. im Sinne von „auf ein höheres Niveau gehoben" (Die Tätigkeit wird als Versprachlichung auf ein qualitativ höheres Niveau gehoben.)

6. Die gedankliche Erarbeitung der Handlung (Interiorisation)

Zum Schluß schreiben die Arbeiterinnen und Arbeiter jeder für sich die Buchstaben nach Diktat ins Heft. Sie haben jetzt eine Vorstellung von den Buchstaben gewonnen, d. h. die Buchstaben sind für sie geistiges Werkzeug geworden.

Als eine Kollegin aus dem Urlaub kam, ging Ralf auf sie zu: „Weißt Du, was hier in der Zwischenzeit passiert ist, wo Du nicht da warst? Christel hat zu mir gesagt, daß ich die Buchstaben, die ich an die Tafel schreiben soll, nicht mehr in der Kiste suchen soll, sondern in meinem Kopf. Das hab' ich gemacht. Die sind jetzt in meinem Kopf drin. Das ist hier passiert. Die A und O und S und E und T und alle."

Die Aneignung der Buchstaben wird als Tätigkeit aufgebaut, die von einer Niveaustufe auf die nächst höhere verkürzt wird. So erfolgt ein Umschlag von der äußeren Tätigkeit mit den Gegenständen zur inneren mit den Begriffen.

4. Gehirn (funktionelles System)	Die Denktätigkeit als innere Handlung ↑ Verkürzung ↑
3. Mund	Das laute Sprechen als sprachliche Handlung ↑ Verkürzung ↑
2. Hände	Die Gebärde als äußere Handlung ohne Gegenstände ↑ Verkürzung ↑
1. Hände und Gegenstände	Die Tätigkeit mit den Gegenständen als äußere Handlung

VI. Der Verlauf des Anfängerlesekursus

Grundlegend für die Gestaltung der einzelnen Etappen ist die Berücksichtigung der Stufen in Anlehnung an Galperin, wie ich es beispielhaft am Erlernen der Buchstaben als Laute dargestellt habe (20, 21):

- Motivation
- Orientierung
- Die Handlung mit Gegenständen
- Die bildhafte Darstellung der Handlung (Materialisation)
- Die lautsprachliche Darstellung der Handlung (Verbalisation)
- Die gedankliche Erarbeitung der Handlung (Interiorisation)

Auf jeder Etappe des Lernwegs sollte der Lehrer darauf achten, daß er bei keinem Schüler eine Stufe überspringt, die dieser noch nicht durchlaufen hat. Wenn sich ein Schüler aber einen Begriff außerhalb der Schulsituation aneignen konnte, dann kann der Lehrer mit der Abbildung oder bereits mit dem geschriebenen Wort beginnen. Wichtig ist nur, daß der Lehrer die Stufen der einzelnen Schüler wahrnimmt und analysiert.

Diese Stufen des Lernwegs von der Motivation zum Gedanken sind immer als Einheit zu sehen. Nur in dieser Einheit findet die Entwicklung statt; mit der Bewußtwerdung entstehen neue Motive und Orientierungen. Die Tätigkeiten, die Sprache und das Denken verändern sich, so daß der Ausgangspunkt für das Lernen sprunghaft eine immer höhere Qualität erreicht.

Ich will dies beispielhaft erläutern: Die Arbeiterinnen und Arbeiter bilden auf immer höherem Niveau einen Begriff von Früchten. Ich biete unterschiedliche Früchte an, die geschält auf einem Obstteller liegen. Auf dieser Stufe der Begriffsbildung ist bei allen die Motivation, die Früchte zu probieren und zu benennen. Danach werden die wesentlichen Merkmale herausgearbeitet. Auf diese Weise wird eine Orientierung, das heißt eine Vorstellung in bezug auf den Geschmack aufgebaut. Die Tätigkeit ist das bewußte Schmecken. Danach soll aus den noch ungeschälten Früchten ein Obstsalat gemacht werden. Jetzt ist die Aufmerksamkeit auf das Werkzeug und die Tätigkeit des Schälens und Schneidens gerichtet. Motivation, Orientierung und Tätigkeit ändern sich. Als der Obstsalat fertig ist, wollen sie wissen, ob es allen schmeckt.

Der biologische Sinn (Schmecken) wird aufgehoben im individuellen Sinn (Tätigkeit) und dieser wiederum im persönlichen Sinn (gemeinsames Vorhaben), der die Vorbedingung für den gesellschaftlichen Sinn (politische Verantwortung) ist.

Das Begreifen der Welt von der Stufe der Befriedigung biologischer Bedürfnisse bis zur höchsten Befriedigung, die ein Mensch erfahren kann, nämlich sich als Mensch an jedem anderen Menschen zu erkennen, das heißt sich als Gattungswesen zu begreifen, ist der Weg der Menschwerdung, die uns nicht mitgegeben, sondern aufgegeben ist.

„Was heißt die Gattung zu realisieren? Eine Anlage, eine Fähigkeit, eine Bestimmung überhaupt der menschlichen Natur verwirklichen. Die Raupe ist ein Insekt, aber nicht das ganze Insekt; erst der Schmetterling ist das erschöpfte, vollständig verwirklichte Insekt. Ähnliche Metamorphosen finden wie im Leben der Menschheit, so im Leben des einzelnen Menschen statt“ (22).

1. Etappe: Die Erarbeitung der Buchstaben als sinngebende Laute

Jeder Laut wird, wie ich es beschrieben habe, in einen Sinnzusammenhang gestellt, erhält eine Bedeutung und wird entsprechend den sechs Stufen vermittelt. Das Zuordnen der Buchstaben zu den bedeutungstragenden Lauten haben wir auf verschiedene Weise geübt. Es wurden z.B. die Holz- oder Plastikbuchstaben den Bildkarten oder den Gebärden zugeordnet. Um die Kontrolle auch spielerisch zu gestalten, haben wir Domino, Lotto, Memory und Quartettspiele hergestellt.

Lotto

D	R	F
S	M	I
O	H	P

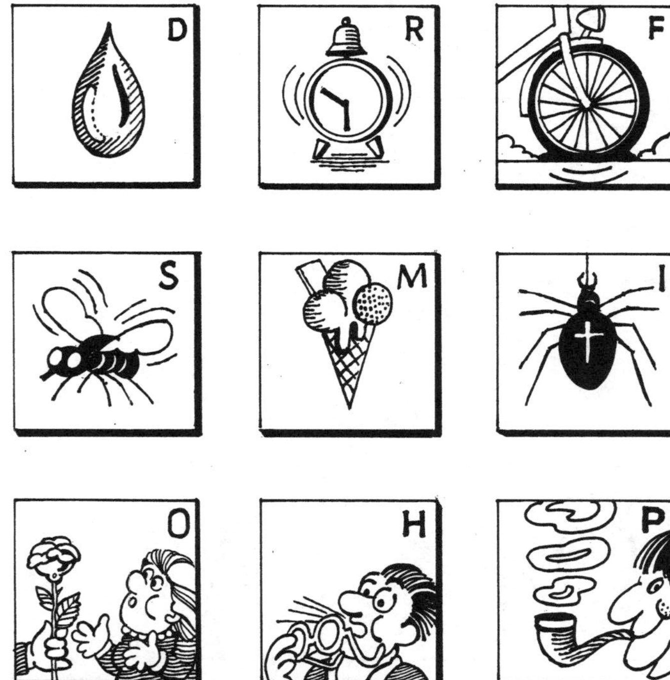

Domino

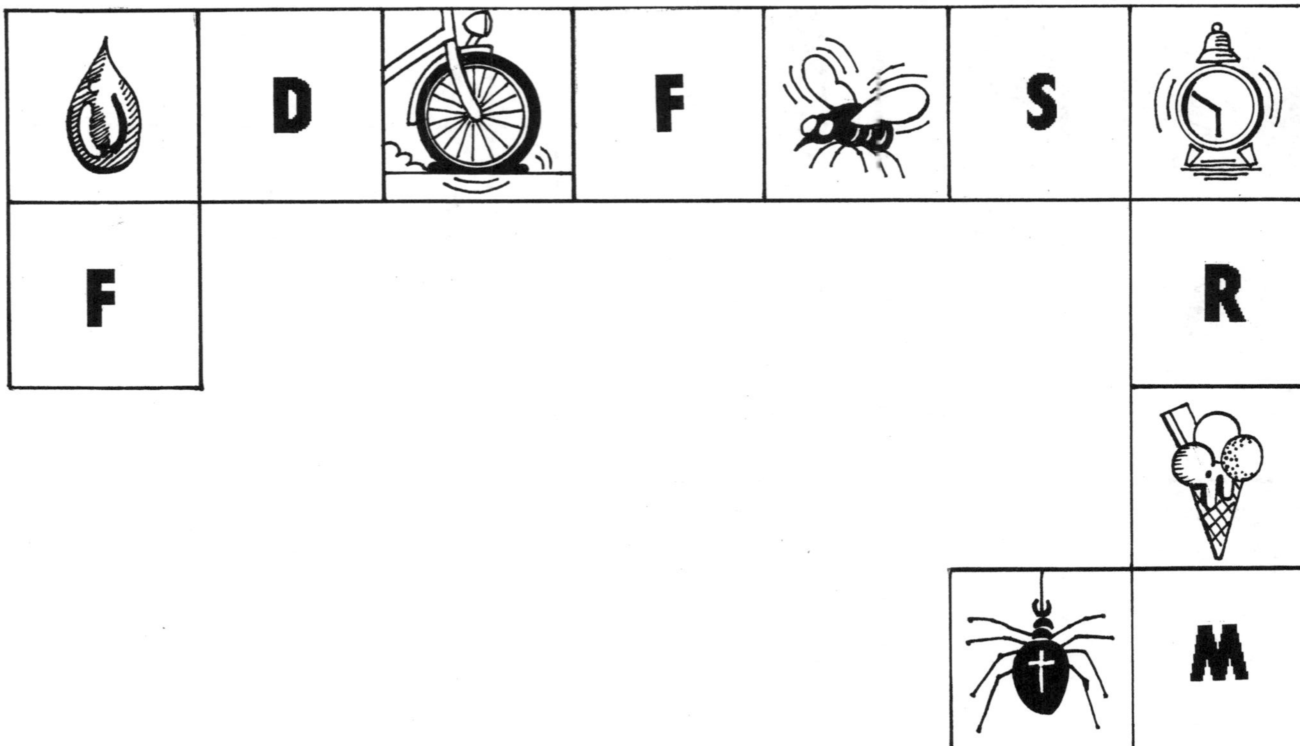

Memory

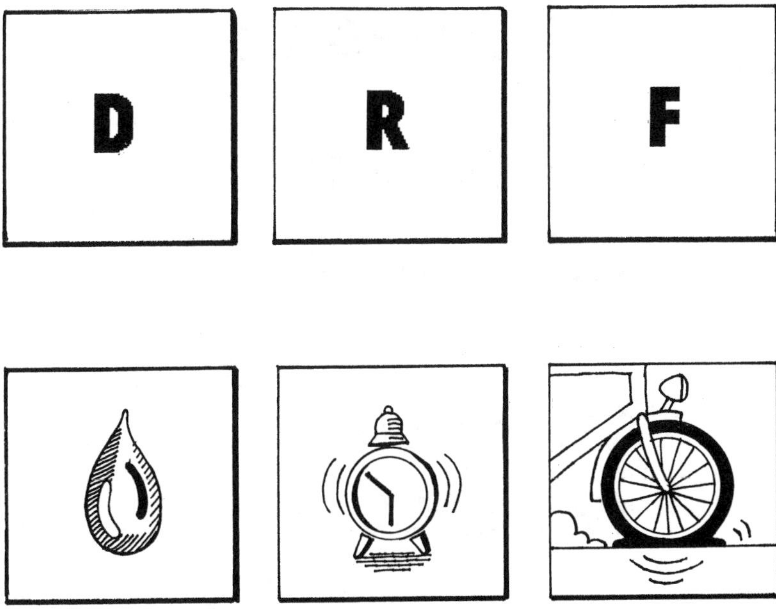

Nachdem die Arbeiterinnen und Arbeiter fast alle Buchstaben lautieren konnten, haben wir begonnen, kleine Texte, die die Erfahrungen der Arbeiterinnen und Arbeiter widerspiegeln, zu lesen.

Die Arbeiterinnen und Arbeiter brachten z. B. die Produkte ihrer Arbeit aus der Werkstatt mit in den Unterricht und erzählten dazu eine Geschichte, die wir aufschrieben. Wie zum Beispiel (s. S. 76 u. 77).

Ich hatte gedacht, daß es für die Arbeiterinnen und Arbeiter eine Motivation sei, Lesen als Ausdruck ihrer Erfahrungen zu lernen. Das erwies sich als großer Irrtum. Die Texte, so einfach sie auch sind, waren auf dieser Stufe noch viel zu schwer. Sie fingen wieder an, Ängste zu entwickeln und sich auf das Raten zu verlassen. Die Freude, die sie beim Erlernen der Laute mit Hilfe der Bildkarten und der Gebärden gezeigt hatten, war wieder verschwunden.

MEIN KAMPF
MIT DEN ROSEN

ICH HATTE AUS
EINEM ROTEN TEIL
UND EINEM BLAUEN
TEIL EINE ROSE
GEMACHT

2. Etappe: Das Silbentraining

Ich erklärte den Arbeiterinnen und Arbeitern mein Scheitern:
„Die Buchstaben könnt Ihr jetzt lesen. Das macht Euch Spaß. Natürlich wollt Ihr jetzt einen Schritt weiterkommen. Wie Ihr seht, sind die Wörter noch zu schwierig. Ihr fangt wieder an zu raten. Das macht Euch unsicher und Ihr habt nicht mehr die Freude, die Ihr beim Lernen der Buchstaben hattet. Um Euch ein neues Wort selbst erlesen zu können, müßt Ihr lernen, Buchstaben zu Silben zusammenzuziehen. Ich denke, daß es notwendig ist, daß Ihr lernt, Silben zu lesen und erst danach ganze Wörter..."

Nach einer Diskussion entschlossen wir uns für das Silbentraining, da es die Grundlage für das Lesen von Wörtern ist. Wir gingen zuerst von den sinnhaften Silben aus. Danach trainierten

JENS HOLT DEN SPATEN

DER SPATEN IST AUS ALU

DIE SCHAUFEL IST AUS EISEN

JENS MACHT AN DER SCHAUFEL EINE SCHRAUBE FEST

wir in allen möglichen Variationen die Konsonant-Vokalverbindungen,

Z.B. die verschiedenen Arten des Lachens nach dem Lied des Leselehrgangs: „Lesenlernen ohne Angst“ (23):

„Ha – ha – ha – ha – ha !“ (Der Kasper)
„Hi – hi – hi – hi – hi !“ (Die Hexe)
„Hu – hu – hu – hu – hu !“ (Das Gespenst)
„Ho – ho – ho – ho – ho !“ (Der Teufel)
„He – he – he – he – he !“ (Als Ausruf: „Komm her“)

Danach übten wir alle möglichen Verbindungen, wie z.B.:

DU – DA – DI –
SO – SE – SI – SA –
WO – WI – WE –
RO – RE – RAU – REI – RO – usw.

Harry erfährt die Bedeutung des Wortes „RAUH“ und die Funktion des Rauhpapiers für die Holzbearbeitung in der Werkstatt

Immer, wenn die Silbe einen Sinn ergab, äußerten die Arbeiterinnen und Arbeiter dazu ihr Assoziationen.

TE – Ich trinke Tee.
SE – Ich bade im See.
WE – Oh weh, das tut ja weh.
SI – Sie hat mir Blumen geschenkt.
DU – Was hast du denn?
RO – Das Ei ist noch roh.
RAU – Das Rauhpapier ist rauh.

Die sinnhaften Silben werden in einen Erfahrungszusammenhang gebracht und es werden Bilder dazu gemalt (s. S. 79 u. 80).

Das Erlesen der sinnhaften und sinnlosen Silben machte ihnen Freude. Die Erfahrung, daß sie lesen konnten, war für sie ausschlaggebend. Das Silbenlesen war für sie kein sinnloses Üben. Die Arbeiterinnen und Arbeiter lernten die Silben zu lesen mit dem Bewußtsein, daß es eine notwendige Hürde ist, auf dem Weg zum selbständigen Lesen von Wörtern.

REH

FEE

SEE

TEE

Ich fertigte ein Silbenbuch an, in dem sie auf unterschiedliche Weise die Konsonant-Vokalverbindung üben konnten. Sie machten mit diesem Silbenbuch die Erfahrung, daß sie Seite für Seite lesen konnten und nicht raten mußten.

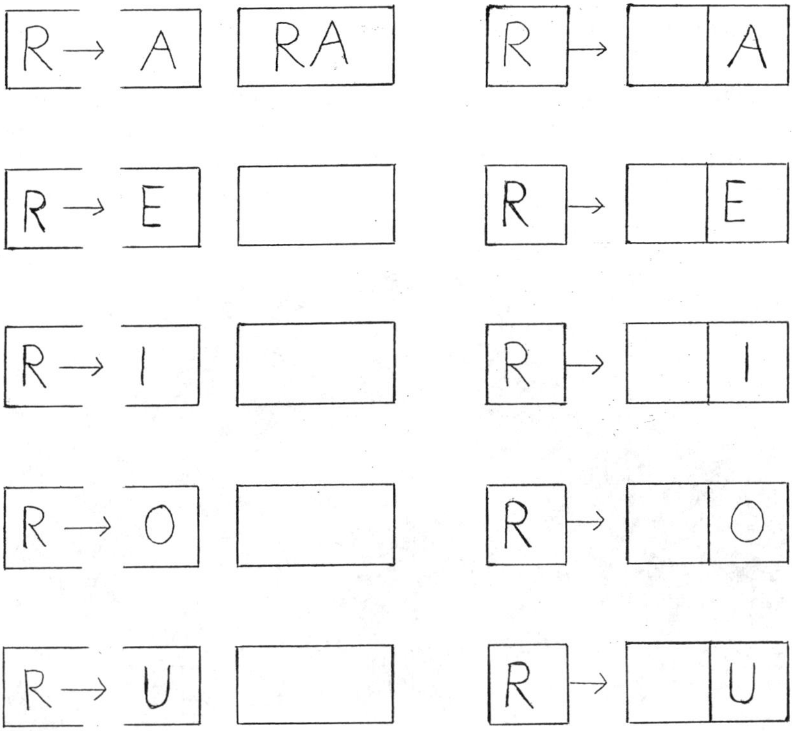

Beliebt waren auch die Silbendiktate, wenn sie zu fünft an den Tafeln standen und schreiben mußten. Es wurde immer ein Konsonant mit den fünf Vokalen verbunden. Zum Beispiel diktierte ich: „KU – KA – KE – KI – KO – oder – LO – LI – LA – LE – LO – usw.“ Einigen fiel es leichter, das Gehörte zu schreiben als das Aufgeschriebene zu lesen.

Das Zusammenziehen von zwei Lauten zu einer Silbe ist ein so komplizierter Prozeß, daß es notwendig ist, mit den Arbeiterinnen und Arbeitern entsprechend ihren Voraussetzungen die einzelnen Stufen zu entwickeln. Dies stelle ich in dem Kapitel „Karin lernt lesen“ beispielhaft dar.

Ich gab vorerst den Gedanken auf, die Arbeiterinnen und Arbeiter Texte lesen zu lassen. Stattdessen entschied ich mich, mit ihnen nach dem Training der sinngebenden Silben möglichst zweisilbige Wörter zu lesen und zu schreiben.

3. Etappe: Das Erlernen von Wörtern

Nachdem die Arbeiterinnen und Arbeiter Silben erkennen können, lernen sie, sich Begriffe zu erarbeiten. Aus unterschiedlichen Früchten, wie z. B. ANANAS, MELONE, BANANE, KIWI, ORANGE, ZITRONE, die sie schmecken, schälen und bezeichnen, machen sie einen Obstsalat.

Die Arbeiterinnen und Arbeiter lernen die Begriffe für die Früchte

Danach malen sie ihre Erfahrungen auf und verbalisieren sie. Aus ihren Zeichnungen und dem entsprechenden Text entsteht dann eine Textseite. Klaus malt und schreibt z. B. seine Erfahrungen mit der Kiwi auf (s. S. 83).

Die Arbeiterinnen und Arbeiter erzählen auch der Gruppe Erlebnisse, die sie gemacht haben. Daraus werden dann für sie bedeutungsvolle Wörter ausgewählt. Bevor sie mit Hilfe von

ICH MALE KIWI

ICH MALE KIWI

ICH ESSE KIWI

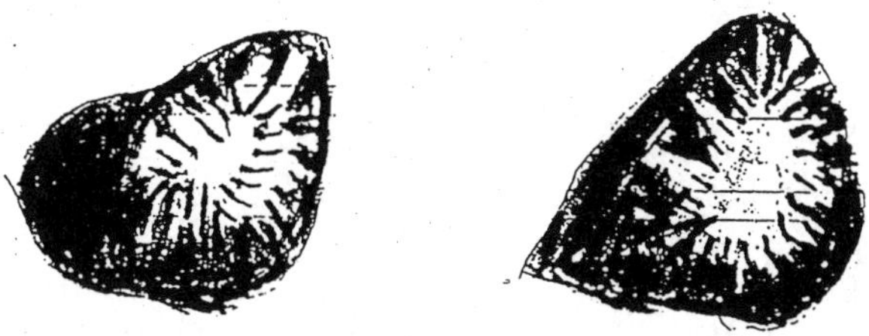

ICH MALE KIWI

MELONE

ICH LESE MELONE

ICH DENKE AN MAMA LEONE

Holzbuchstaben gelesen und geschrieben werden, werden sie gemalt. Es sind Begriffe, die möglichst einfach zu lesen sind, wie z.B.: RO-SE, RU-HE, SO-FA, RA-BE, TU-BE, KA-BA, TAU-BE, REI-SE, LI-MO, O-MA MA-MA O-PA usw.

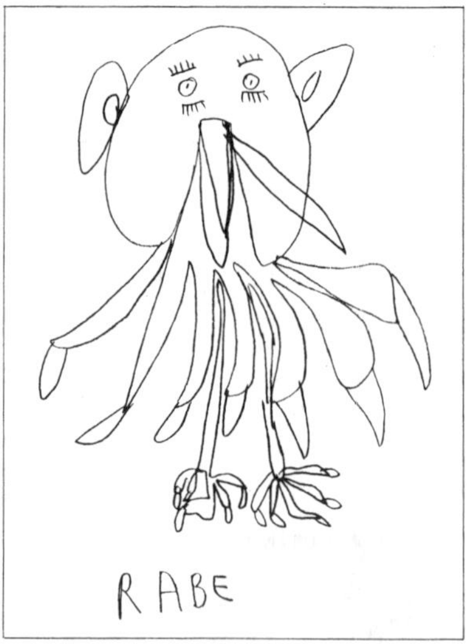

Für einige Arbeiterinnen und Arbeiter ist das Zusammenziehen der Laute zu einem Wort ein so komplizierter Prozeß, den sie, um ihn zu bewältigen, sehr bewußt erfahren müssen. Gaby will z. B. das Wort O MA lesen. Ich mache ihr zuerst die Sprechmotorik bei der Bildung der einzelnen Laute bewußt.

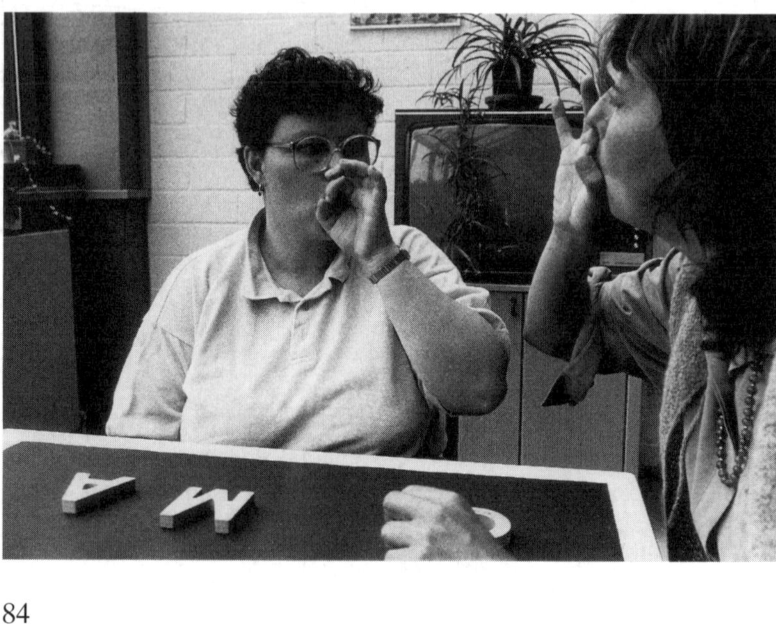

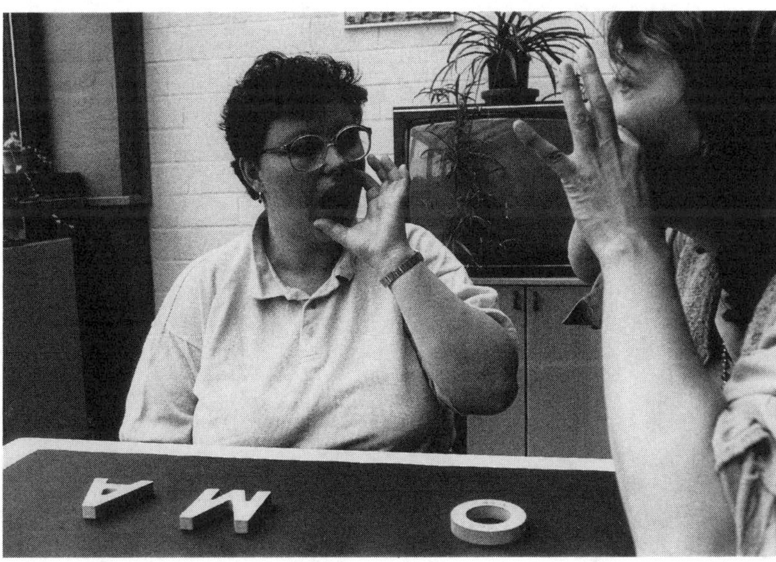

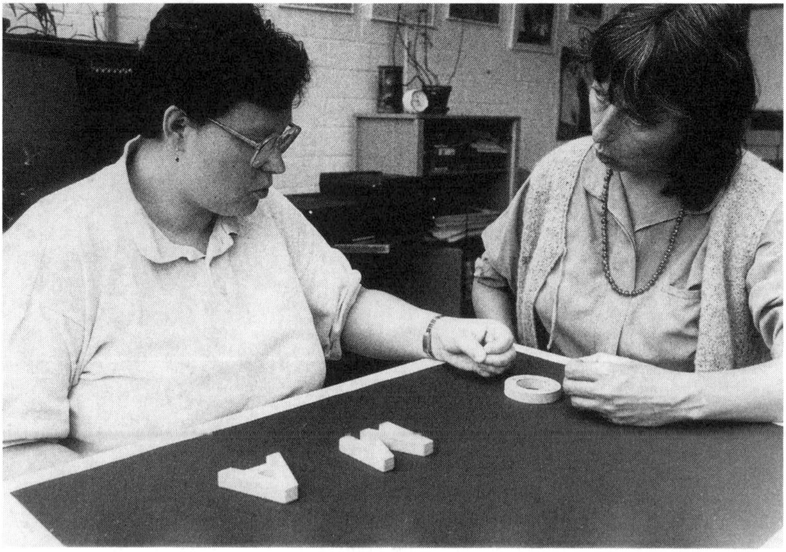

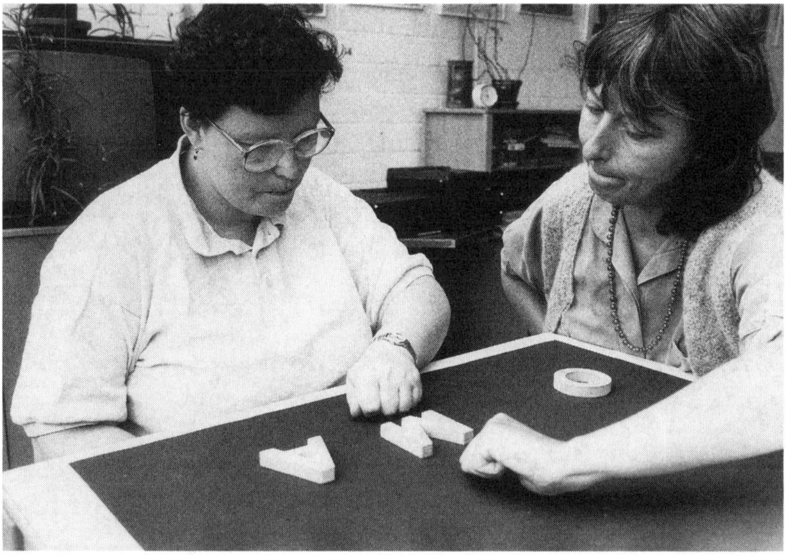

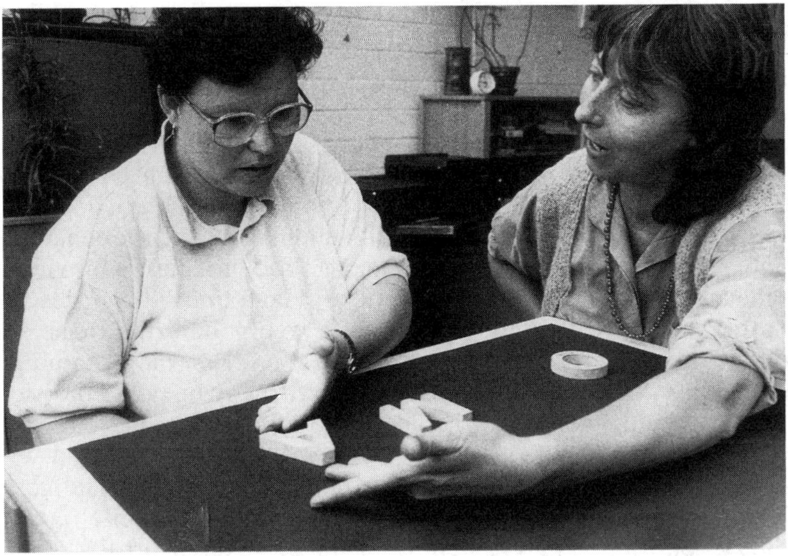

Danach versuche ich die Sprechmotorik durch die bewußte Handmotorik zu unterstützen und aufzubauen. Ich konnte beobachten, daß das Öffnen und das Schließen des Mundes durch die entsprechende Handbewegung hervorgerufen werden kann und von dem Lernenden so besser kontrolliert werden kann (s. S. 86 u. 87).

Die Wörter wurden auch immer wieder spielend geübt an Hand von Memory, Domino, Lotto und Quartett.

Quartett

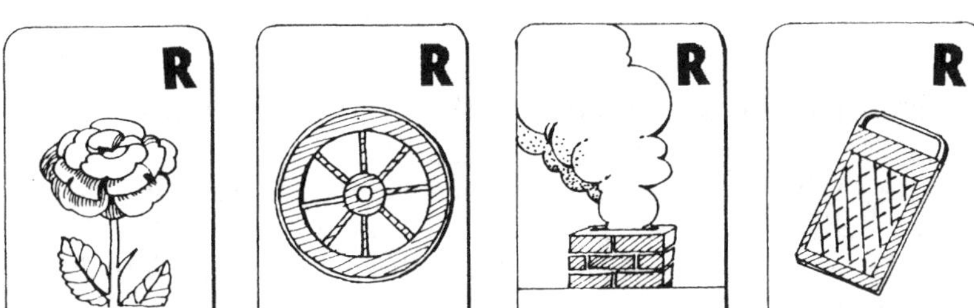

Es zeigte sich aber, daß das Lesen und Legen der Wörter mit Plastik- und Holzbuchstaben die größte Hilfe war, sich die richtige Buchstabenfolge der Wörter einzuprägen, da sie so den Aufbau des Wortes nicht nur mit den Augen erfaßten, sondern auch immer gleichzeitig mit Hilfe der Hände und der Handlung. Das Lesen eines Wortes allein mit den Augen ist nämlich für viele am Anfang eine Überforderung. Ich konnte beobachten, daß sie, wenn ich die Übungen mit den Holz- und Plastikbuchstaben ausließ, schnell ermüdeten. Dazu kam das Problem, daß es für viele schwierig war, neue Wörter, die sie an Hand der Silben erlesen hatten, mit Anschauung zu verbinden. So ergeben zum Beispiel die beiden Silben KI – WI noch keinen Sinn. Erst die Betonung der ersten Silbe machte ihnen die Kiwifrucht bewußt, die sie vorher gefühlt, gerochen, geschält und geschmeckt hatten.

Alltägliche Begriffe wie z. B. KABA – RAMA – LIMO – usw. hatten für sie keine Bedeutung, wenn sie nicht in der richtigen Betonung gelesen wurden. Ich war zuerst völlig verzweifelt, daß die Arbeiterinnen und Arbeiter, nachdem sie das Wort RO – SE gelesen hatten, ohne Verständnis reagierten. Dabei wurde mir aber selbst klar, daß das Wort *RO – SE,* wenn beide Silben gleich betont werden, wirklich keinen Sinn gaben. *Ro* – SE mit Betonung auf der ersten Silbe führt zur Vorstellung der Blume, mit Betonung auf der zweiten Silbe RO – *SE* zur Vorstellung des Weines oder der Farbe. Das Erlernen der richtigen Betonung der Silben ist eine Voraussetzung für das Verständnis der Wörter. Wir haben die Betonung durch einen Strich und durch Klatschen materialisiert.

Eine wesentliche Voraussetzung für das Lesenlernen ist das Bewußtsein von der Sprache als Klanggebilde. Das Wahrnehmen von Rhythmus, Takt, Höhen- und Tiefenbetonung, Pausen usw. sollte geübt werden, indem Texte gesungen, geklatscht und getanzt werden. Da ich mich selbst für unmusikalisch halte, habe ich bisher diesen wichtigen Aspekt nicht berücksichtigt.

4. Etappe: Das Erlernen von Tätigkeitssätzen

Als die Arbeiterinnen und Arbeiter gelernt hatten, Wörter zu lesen, stellten wir eine erste Lesefibel her. In ihr wurden alltägliche Erfahrungen aus dem Arbeitsalltag und dem Freizeitbereich dargestellt.

So entstanden folgende Texte:

Arbeitsalltag

ICH STE-HE AUF.
ICH GE-HE LOS.
ICH FAH-RE LOS.
ICH AR-BEI-TE.

Aus dem Freizeitbereich

ICH SE-HE FERN.
ICH KAU-FE EIN.
ICH GE-HE AUS.

Am Rand stellte ich in Form von Strichmännchen die Handlung bildhaft dar, um den Arbeiterinnen und Arbeitern anfangs eine Orientierungshilfe zu geben. Außerdem lernten sie auf die gleiche Weise Einkaufszettel, Rezepte und kleine Briefe zu schreiben und zu lesen.

ICH WACHE AUF

ICH STEHE AUF

ICH WASCHE MICH

ICH ZIEHE MICH AN

ICH ESSE

ICH GEHE LOS

DA IST DER BUS

ICH STEIGE EIN

ICH FAHRE LOS

MEINE FREIZEIT

ICH GEHE AUS 

 ICH RUFE AN

ICH SEHE FERN 

 ICH FAHRE RAD

ICH KOCHE 

 ICH WASCHE AB

ICH KAUFE EIN 

ICH LESE 

LIEBE OMA

FROHE OSTERN

ICH HOLE DICH

VOM BAHNHOF

AB

RUFE AN

DEINE

MANUELA

ICH KAUFE EIN

MEHL

MILCH

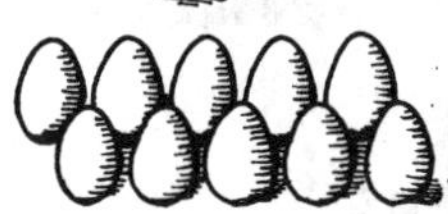

EIER

SALZ

MARMELADE

MARGARINE

ZUCKER

ICH MACHE
EIERKUCHEN

ICH NEHME

 MEHL

6

 MILCH

3

 EIER

10

1  PRISE SALZ

1  GLAS MARMELADE

5. Etappe: Das Lesen und Schreiben von Geschichten

Zum Schluß erarbeiteten wir kleine Lesebücher, in denen die Arbeiterinnen und Arbeiter ihre eigenen Geschichten aufschrieben. Sie erzählen von Erlebnissen und Begebenheiten aus der Freizeit. Sie beschreiben auch die Arbeit in der Werkstatt. Sie hatten für diesen Zweck ihre Arbeitsmittel und Produkte in den Unterricht mitgebracht. Manuela tütet z. B. Glückwunschkarten ein. Sie macht sich den Sinn der Karte bewußt, die sie mitgebracht hat. Dann stellt sie ihre Arbeit dar. Ich schreibe die Geschichte auf und sie malt ein Bild dazu. Zum Schluß liest sie ihre Geschichte und schreibt sie in ihr Heft.

Manuela macht einen Text über ihre Arbeit

Das Prüfgerät

Vor Weihnachten haben wir einen neuen Auftrag
bekommen. Der Auftrag kommt von Japan.
Es sind Prüfgeräte.
Ich mache den Deckel auf.
In der rechten Hand habe ich den Lötzinn.
In der linken Hand habe ich den Lötkolben.
Ich löte kleine Gewinde fest.
Mir bringt die Arbeit viel Spaß.

Der Frühling kommt

Heute morgen
schien die Sonne
in mein Fenster

Ich hörte
die Vögel zwitschern

Ich sah aus dem Fenster
Da sah ich
eine Blaumeise
auf meinem Balkon

Wenn ich
um 6.30 Uhr
zur S-Bahn gehe
ist es noch kühl.

Am Sonnabend

Am Sonnabend
gehe ich
mit meiner Mutter
einkaufen

Ich wünsche mir
eine Hose
und einen Pullover

Ich hole mir
auch noch Schuhe

Es ist schwierig, den Erfolg des Erstleseunterrichts nach zwei Jahren zu bemessen. Die Skepsis, evtl. doch nie die „richtigen" Bücher lesen zu können, ist bei allen vorhanden. Dennoch sind sie alle daran interessiert „Schule zu haben".

Als ich die Ringbücher und Füllfederhalter austeilte, sprachen die Kommentare für sich selbst: „Also so ist das hier gemeint, daß wir richtig lernen sollen." – „Damit hab ich, ehrlich gesagt, nicht gerechnet." – „Meine Eltern glauben das sowieso nicht, daß ich das Lesen noch mal lerne."

Der Erstleseunterricht bedeutet zu akzeptieren, daß Menschen immer lernen können und sich niemals aufgeben dürfen. So wird ein Füllfederhalter zum Symbol menschlicher Kultur und ein vollgeschriebenes Heft spiegelt Selbstbewußtsein wider.

VII. Karin lernt lesen

1. Karin lernt die Laute der Buchstaben

Karin äußert den Wunsch am Modellversuch teilzunehmen, um ihren Namen schreiben zu lernen. Da sie nach einem ärztlichen Gutachten an einer schleichenden Erblindung leidet, zögerte ich, sie aufzunehmen. Wenn die anderen Schüler in die Klasse gingen, fragte sie mich regelmäßig, wann sie endlich drankommen würde.

Als ich es nicht mehr über das Herz brachte, sie fortzuschikken, bekam sie eine halbe Stunde Einzelunterricht in der Woche.

In der ersten Stunde zeigte ich ihr unsere Holzbuchstaben. Sie nahm sie einzeln in die Hände, streichelte sie, führte sie zum Mund und hielt sie vor ihr Auge.

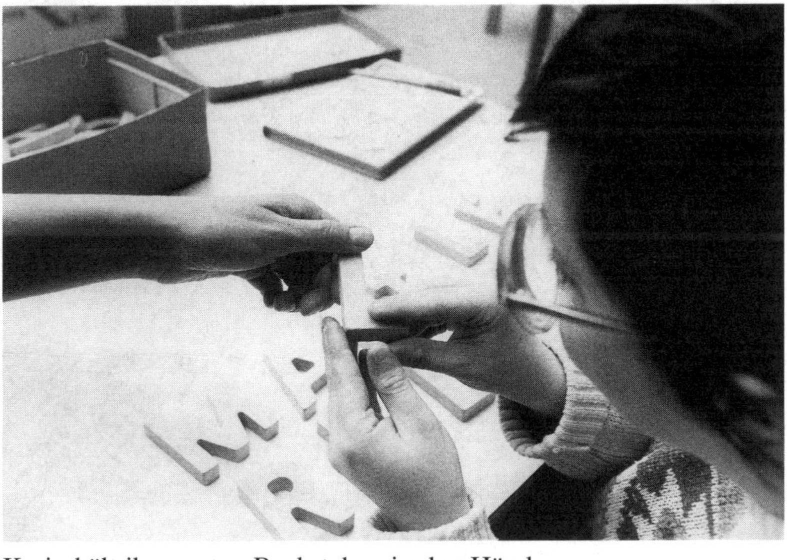

Karin hält ihre ersten Buchstaben in den Händen

Zuerst lernte sie die Buchstaben ihres Namens nach markanten Merkmalen zu unterscheiden:

K – die Ecke
A – das spitze Dach
R – der runde Kopf
I – der Besenstiel
N – das Gartentor

Sie konnte nach vier Wochen die Buchstaben ihres Namens auseinanderhalten und erkannte sie an ihrer Form. Sie vergaß aber immer wieder, sie in die Reihenfolge ihres Namens zu legen. Ich kam zu der Überzeugung, daß ich ihr die Laute der Buchstaben nicht vorenthalten durfte, damit sie deren Bedeutung erkennt. Ich sagte zu ihr: „Die Buchstaben kannst Du nicht nur fühlen, sondern Du kannst sie auch hören. In Deinem Namen sind sie enthalten als – *K* – als – *A* – als – *R* – als - *I* – als – *N*.

Wenn Du sie zusammenziehst, entsteht aus ihnen Dein Name KARIN.

Es sind Laute, die Dich an Geräusche erinnern, wie z. B. das „Rrrrr an das Klingeln eines Weckers." Karin lernte die einzelnen Buchstaben als sinngebende Laute, die sie mit einer Gebärde verband.

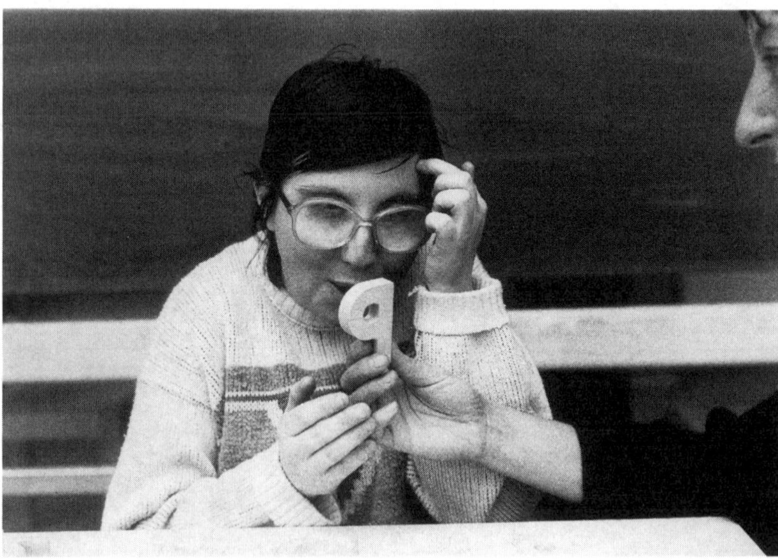

P ist Ausdruck von Verweigerung

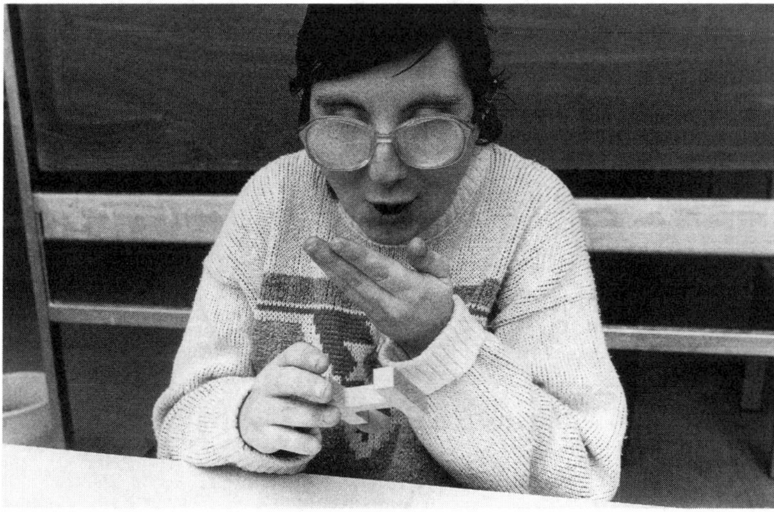

H ist Ausdruck von Hauchen

Die Bildkarten konnte ich bei ihr nicht einsetzen, weil sie darauf nichts erkennen konnte. Das Wiedererkennen und das Erlernen der Schriftzeichen brachte Karin ein so großes Vergnügen, daß sie mich fast täglich ansprach: „Und Montag ist wieder Schule. Da freu' ich mich schon wieder so!"

Karin konnte alle Buchstaben lautieren

Auf diese Weise lernte sie in einem halben Jahr ca. 20 Buchstaben, wobei vorrangig der Tastsinn und das Gehör ihre Erkenntnisorgane waren.

Wie Karin sich die Buchstaben merkt

Christel: „Karin, Du wolltest am Anfang Deinen Namen schreiben lernen."

Karin: „Zuerst kam das Schreiben. Dann kam das Lesen. Zuerst hab ich meinen Namen ‚Karin' geschrieben."

Christel: „Warum hattest Du den Wunsch Lesen zu lernen?"

Karin: „Damit ich mal lesen kann, später."

Christel: „Wie war es in der Schule?"

Karin: „Die haben nicht vom Lesen gesprochen."

Christel: „Aus Deiner Klasse hat keiner gelesen?"

Karin: „Ne, die Blindenschrift habe ich vorher geübt. Ich konnte die Punkte aber nicht sehen." (Ich denke, daß der mangelhafte Gesichtssinn den haptischen Sinn in der Erkenntnistätigkeit gehindert hat.)

Christel: „Hattest Du die Augen geschlossen oder offen, wenn Du gelesen hast?"

Karin: „Die Augen hatte ich nie zugemacht."

Christel: „Mit den Holzbuchstaben macht Dir das Lesen Spaß, warum?"

Karin: „Mit den Blindenpunkten kam ich nicht zurecht, weil es auch ein bißchen schwer war."

Christel: „Ich gebe Dir die Holzbuchstaben in die Hände und Du sollst mir sagen, wie sie heißen." (Karin nahm die Holzbuchstaben in die Hände und benannte sie alle richtig.)

Christel: „Du hast alle Buchstaben erkannt. Kannst Du mir sagen, woran Du sie erkennst?" (Ich gab ihr die Buchstaben der Reihe nach in die Hände. Karin beschrieb sie der Reihe nach.)

Karin: „Das ist das E, die drei Ecken.
Das O, das ist so rund wie ein Ei.
Das H, das sieht aus wie zwei Tischbeine. In der Mitte so wie ein Tisch.

Das A hat in der Mitte so einen kleinen Strich.
Das B, das erkenn' ich an den beiden runden Kreisen und hat in der Mitte so'n Strich.
Das S, das erkenn' ich hier an dem halben Kreis und da an dem halben Kreis.
Das M hat hier in der Mitte so einen kleinen Strich, oben so lange Striche und unten so kleine.
Das ist das D, so ein runder Kreis, dann so ein Strich."

Während sie die Buchstaben benannte, fiel mir auf, daß sie beim B die Hände auf die Lippen legte, beim G an die Gurgel, beim H gegen die Hand hauchte, beim D das Klopfen auf den Tisch machte usw.

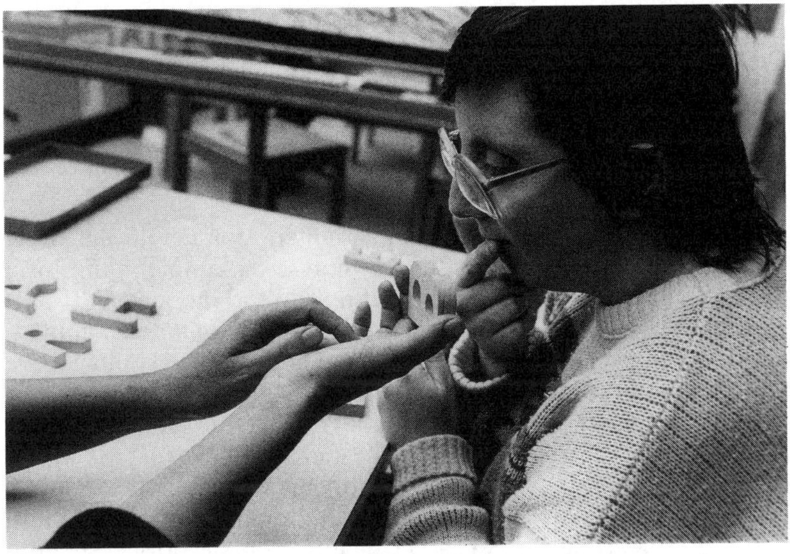

Karin beim Buchstabieren, bei B die Lippen berührend

2. Karin liest Tätigkeitssätze

Nachdem sie nun die Buchstaben gelernt hatte, wollte ich ihr zeigen, wie aus den Buchstaben Silben und Wörter werden. Ich legte aus Holzbuchstaben das Wort Rose auf den Tisch. Ich sagte zu ihr: „Wenn Du diese Buchstaben in dieser Reihenfolge hinlegst, dann wird daraus das Wort Rose." Sie sah mich verständnislos an. Ich fragte sie: „Eine Rose kennst Du doch?" Karin antwortete: „Nein, eine Rose, das weiß ich nicht, was das ist." Ich erklärte ihr: „Das ist eine Blume. Sie duftet. Sie hat Dornen. Sie ist rosa, rot oder manchmal auch gelb." Karin hörte mir aufmerksam zu, aber sie verstand mich nicht.

Daraufhin ging ich mit ihr in einen Blumenladen, der gleich um die Ecke war. Der Blumenhändler zeigte ihr die verschiedenen Sorten. Sie berührte einige so vorsichtig mit den Fingerkuppen, als ob man sich daran verbrennen könnte. Sie bekam eine Rose geschenkt. Auf dem Rückweg zeigte ich ihr Heckenrosen, die neben der Werkstatt blühten. Sie befühlte die Dornen und die zarten Blüten. Ich bat sie, ihre Nase in die Blüten zu stecken. Sie atmete den Duft wie verzaubert ein und sagte: „Rose, so schön." Seitdem konnte sie das Wort Rose schnell legen und wiedererkennen.

Als ich Karin bat, einen Baum zu malen, den ich ihr aus dem Klassenfenster zeigte, malte sie lauter zusammenhangslose Punkte auf das Blatt. Was sie nicht mit ihren Händen fühlt, das existiert für sie nicht oder sie sieht es diffus. Bei einem blinden Kind wissen die Eltern, daß sie ihm alle Dinge in die Hand geben und benennen müssen, damit es die Begriffe lernt.

Bei Karin war es wohl so, daß jeder dachte, sie sei nicht blind, obwohl sie so gut wie nichts sehen konnte. So hörte sie die Menschen um sich herum über Dinge sprechen, die sie nie in ihrer Funktion kennenlernte. Für sie gab die Sprache oft keinen Sinn und die Gegenstände, deren Bezeichnungen sie hörte, blieben bedeutungslos bis auf die Dinge, mit denen sie selbst hantieren lernen mußte wie z. B. Löffel, Gabel, Messer, Kamm, Kleid usw. Das Kind bildet die Sprache nur aus, wenn es im tätigen Umgang mit den Gegenständen die Wörter von außen erfährt. Die Behinderung von Karin ist nicht die starke Sehbehinderung, sondern die Untätigkeit und die damit verbundene Sprachlosigkeit.

„Moderne Untersuchungen auf molekularer Ebene – die Experimente des schwedischen Neurophysiologen Hyden – be-

Karin hat sich gemalt

stätigen, daß das Gehirn in den frühen Stadien seiner Entwicklung nicht nur die entsprechende Nahrung benötigt, sondern auch Impulse braucht. Wenn die Neuronen des stimulierenden Lernmilieus beraubt werden, dann können sie kein reiches Netz faseriger Einheiten des Gehirns mehr bilden, sie bleiben, bildlich gesprochen, leere Säcke und sterben schließlich ab.“ (24)

Nachdem Karin sich einige Gegenstände der Umwelt angeeignet, sie betastet, gerochen, gemalt und geschrieben hatte, sollte sie lernen, sich selbst anzuschauen. Ich betastete ihr Gesicht und sagte dazu: „Dies ist die Stirn, dies sind die Augenbrauen, dies sind die Wimpern, die Augen, die Nase, der Mund, die Ohren, die Haare, die Brille usw.“ Ich bat sie, ihr Gesicht selbst zu betasten und die Einzelheiten lautsprachlich zu benennen. Zu diesem Zweck gab ich ihr einen Spiegel in der Hoffnung, daß sie, nachdem sie sich ein Grundmuster ihres Gesichts bewußt gemacht hatte, nun vielleicht auch umrißartig ihr Gesicht im Spiegel erkannte. Danach malte sie ihr Gesicht und ich schrieb KARIN und ICH darunter.

Dann begann ich mit ihr kleine Tätigkeitssätze zu üben. Wir fingen mit dem Tätigkeitssatz „ICH MALE“ an. Ich stellte Karin eine Kerze auf den Tisch und bat sie, diese abzumalen. Karin

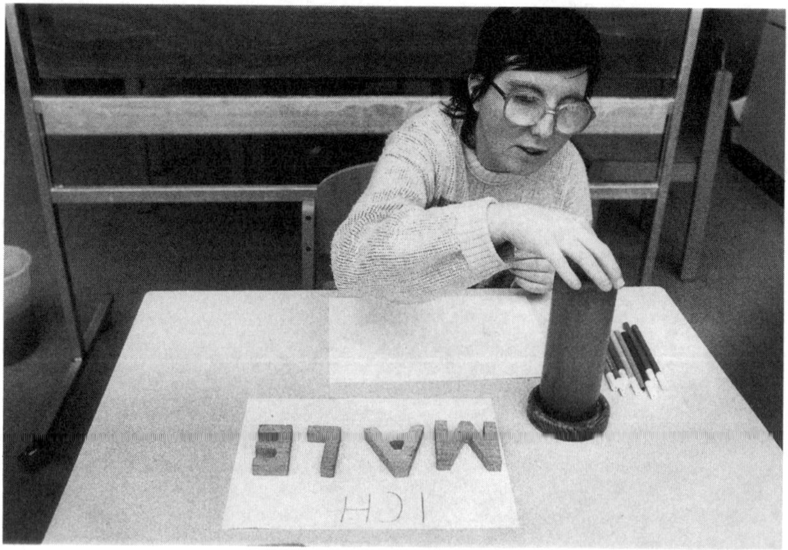

Karin malt die Kerze

faßte von oben in die Kerze hinein, fühlte die runde Form und den Docht. Sie malte die Kerze von oben, so wie ihre Hände sie sahen. Unter das Bild schrieben wir den Satz „ICH MALE“, den wir dann mit Holzbuchstaben übten.

Die Form eines Gegenstandes kann nur dann von den Händen bewußt erfahren werden, wenn er ertastet wird. Dasselbe gilt für das Sehen eines Gegenstandes. Nur die aktive Augenbewegung ermöglicht das bewußte Sehen der Dinge und der Umwelt. Die letzte Blickfelduntersuchung war bei Karin vor zehn Jahren gemacht worden. Niemand wußte, was Karin sah und wie sie sah. Die Lehrer müssen über die wechselseitige Bedingtheit der Sinne Bescheid wissen, wenn sie sinnvoll unterrichten wollen.

„Viele Autoren, besonders auch Secenov, haben schon vor langer Zeit behauptet, die Augenbewegungen beim Betrachten eines Objektes seien ihrem Wesen nach analog den Tastbewegungen der Hände zu verstehen. Dieser Gesichtspunkt legte eine detaillierte Untersuchung der Motorik des Auges nahe.“ (25) Von einem Zusammenhang der Augenbewegung und der Handbewegung geht auch Lurija (25a) aus. Er konnte bei kopfschußverletzten Soldaten das optisch-motorische System beim Schreibenlernen durch das manuell-motorische System wieder aufbauen.

Entsprechend dieser Einsicht, versuchte ich auch bei Karin die Augenbewegung zu trainieren. Das Zusammenziehen zweier Laute zu einer Silbe waren z. B. eine gute Übung, die Augenbewegung von links nach rechts mit Hilfe der Hand aufzubauen.

Als Karin den Tätigkeitssatz von „ICH MALE“ von der Gestalt her erfassen konnte, begannen wir die Silben zu erlesen. Ich wollte von Anfang an verhindern, daß sie anfängt zu raten. Zuerst lernte sie zwei sinngebende Laute zu einer Silbe zusammenzuziehen. Auf der linken geschlossenen Hand lag z. B. der Holzbuchstabe M und in der rechten geschlossenen Hand das A. Zuerst fiel ihr Blick auf das M. Dann öffnete sie die rechte Hand und der geschlossene Mund „M“ öffnete sich zum „A“. Nachdem sie diese Übung mehrmals durchgeführt hatte, legte ich die Buchstaben auf den Tisch. Das Zusammenziehen der beiden Laute zu einer Silbe war ein mühsamer Weg. Im wesentlichen ging ich in folgenden Schritten vor:

- Zuerst krempelte ich Karins linken Pulloverärmel hoch. So wußte sie immer, wo links ist.
- Dann legte ich die beiden Buchstaben ca. 50 cm voneinander entfernt auf den Tisch. Nur über eine entsprechende Entfernung von einem Buchstaben zum anderen können Hand- und Augenbewegung von links nach rechts aufgebaut werden.
- Karin mußte lernen, sich den Anfangsbuchstaben bewußt zu machen. Sie legte den Zeigefinger auf das M und sprach dazu „Mmmmmm“.
- Danach führte ich ihre geschlossene Hand zum A. Dabei lautierte sie das „Mmmmmm“ so lange, bis das A erschien. Dadurch lernt sie, den Laut auch dann im Kopf zu behalten, wenn sie ihn aus den Augen verliert. Die Notwendigkeit, den vorgestellten Laut im Kopf mit einem neuen von außen hinzukommenden Laut zu verbinden, lernte Karin sich auf diese Weise bewußt zu machen.
- Wenn das A erschien, öffnete sie die geschlossene Hand und gleichzeitig den geschlossenen Mund zum MA. Ähnlich wie die Handbewegung die Augenbewegung aufbaut, baut auch die Handbewegung die Mundbewegung auf.
- Danach lernte sie, meiner Handbewegung vom M zum A mit ihrer Hand- und Augenbewegung zu folgen.
  Zum Schluß führte sie Hand- und Augenbewegung von links nach rechts selbst aus.
- Sie lernte auf unterschiedliche Weise die Vokale A, E, I, O, U zu bilden, z.B. indem ich ihre Lippen mit meinen Fingern formte, indem sie meine Lippenbewegung abtastete oder sie ihre im Spiegel beobachtete. Taubblinde einer Schule in Sa-

Karin lernt meiner Handbewegung zu folgen

gorsk in der Nähe von Moskau haben die Laute mit Hilfe von Gipsmasken gelernt.

- Um die Silben aufzubauen, habe ich zuerst *die* Konsonanten-Vokalverbindungen ausgewählt, die Karin am leichtesten fielen, wie z. B.
  Ma, Me, Mi, Mo, Mu
  La, Le, Li, Lo, Lu
  SA, SE, SI, SO, SU
  FA, FE, FI, FO, FU

Als Karin gelernt hatte, zwei sinngebende Laute zu einer Silbe zusammenzuziehen, begannen wir mit dem Lesen zweisilbiger Tätigkeitswörter. Alle Tätigkeitssätze, die sie las und mit Holzbuchstaben legte, wurden vorher handelnd bewußtgemacht oder durch eine Vorstellung von ihr hervorgerufen:

- ICH HEBE: Karin hebt verschiedene Gegenstände auf oder hoch.
- ICH GEBE: Wir geben uns gegenseitig verschiedene Dinge.
- ICH LOBE: Wir loben uns gegenseitig.
- ICH LIEBE: Karin denkt an ihre Mutter und erzählt mir, warum sie sie liebt.

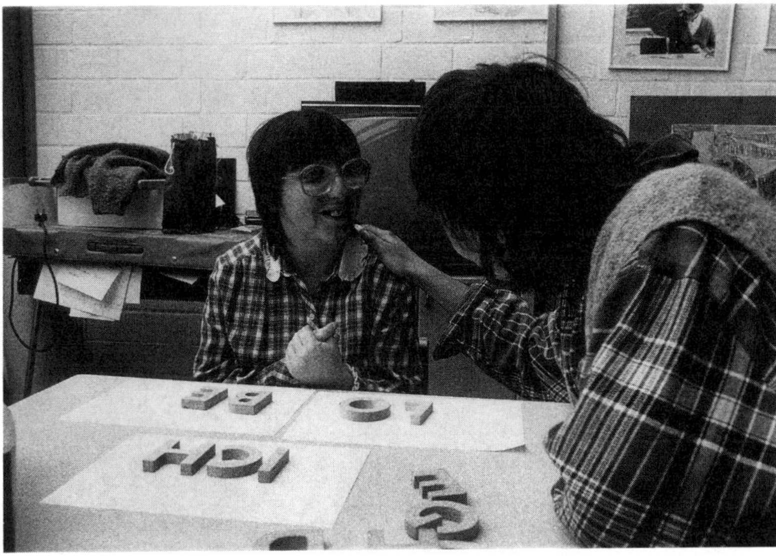

Karin führt die Tätigkeiten, die sie liest, aus

3. Karin lernt, Silben zu sehen

Karin konnte ca. 20 Tätigkeitswörter nach mehrmaligem Üben lesen. Sie erkannte sie m. E. nach immer noch ganzheitlich und war nicht in der Lage, sie Silbe für Silbe zu erlesen. Ich fragte sie daher:

Christel: „Kannst Du mir erklären, wie Du das Wort MALE gelesen hast?“

Karin: „Genau weiß ich das auch nicht, weil ich auch ’ne Rose dazu gemalt hab.“

Christel: „Warum heißt das Wort, das vor die liegt, MALE und nicht GEBE? Welche Buchstaben gehören zum Wort MALE?“

Karin: „M und A, der auch noch und der auch.“

Christel: „Wie heißen die beiden letzten?“

Karin: „L und so’n E.“

Christel: „Und wenn Du M und A zusammenziehst, wie heißen die beiden zusammen?“

Karin: „MALE.“

Karin verstand nicht, daß ich von ihr erwartete, nur die erste Silbe zu lesen, obwohl ich die zweite mit der Hand verdeckte. Ich faltete das Blatt in der Mitte so, daß die zweite Silbe verdeckt war.

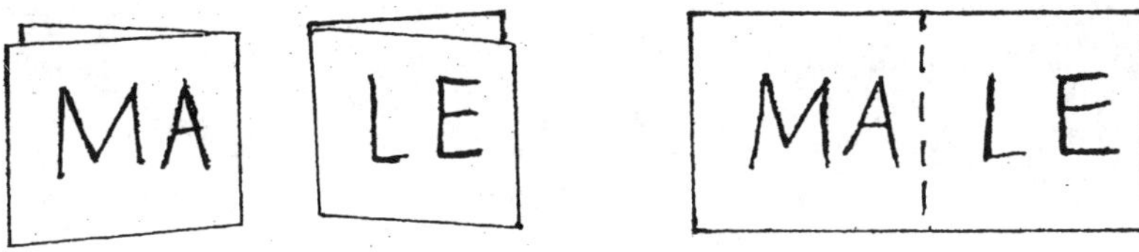

Ich zeigte ihr das gefaltete Blatt und sagte: „Dies heißt MA und dies LE.

Du siehst jetzt immer nur eine Seite." Ich legte die erste Seite mit der Silbe MA hin. Karin versuchte, die Silbe zu lesen. Es gelang ihr nicht. Sie fuhr immer wieder mit der Hand über die beiden Buchstaben und sagte: „Dieses hier M und dieses hier A." Erst als sie die Handbewegung des Zusammenziehens machte, gelang es ihr, die Silbe MA mit den Augen zu sehen.

Christel: „Jetzt die andere Seite." (Ich klappte das Blatt um, und es lag die Silbe LE vor ihr.)
Karin: „Das ist das S."
Christel: „Fahr mal mit dem Finger nach."
Karin: „Nein, das L." (Sie versuchte mit der Hand beide Buchstaben zusammenzuziehen.)
Karin: „LE." (Ich faltete das Blatt wieder auseinander, so daß das ganze Wort vor ihr lag.)
Christel: „Du siehst jetzt das ganze Wort."
Karin: „MALE."
Christel: „Erkläre mir noch einmal, wie Du das Wort gelesen hast."
Karin: „Dann habe ich die Rose gemalt, den Apfel gemalt, die Apfelsine und mein Gesicht." (Ich nahm eine Karte mit dem Tätigkeitswort HOLE und faltete sie wieder in der Mitte, so daß nur die erste Silbe HO auf dem Tisch lag.)
Karin: „HO."
Christel: „Jetzt lies die zweite Seite vom Wort. Fahr mit dem Finger nach."
Karin: „L – LE."

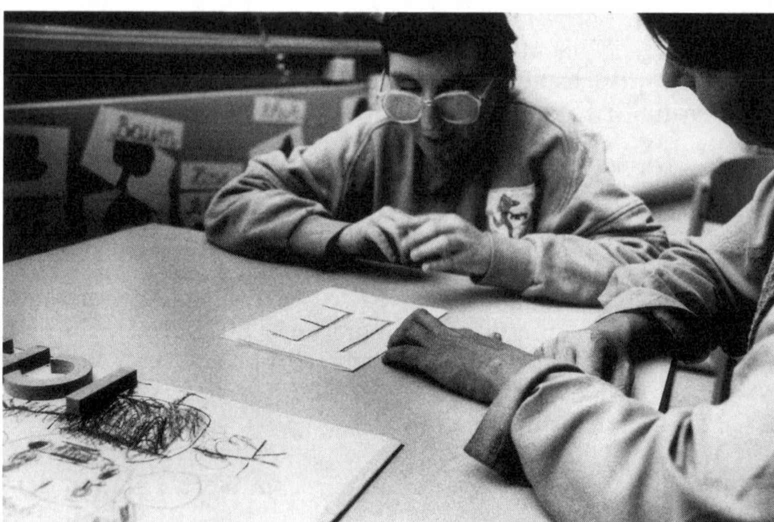

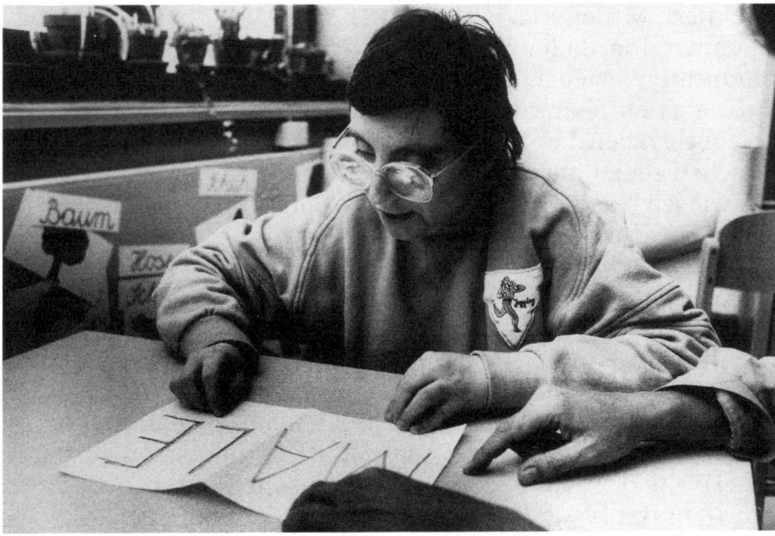

Karin lernt, die Silben des Wortes MALE zu sehen

Wir entfalteten das Blatt und Karin las: „HOLE". Außerdem machte ich die Silben auch dadurch sichtbar, daß ich sie jeweils auf unterschiedlich farbiges Tonpapier legte.

Nachdem sie gelernt hatte, die Abfolge der Silben räumlich hintereinander zu sehen, lernte sie auch die Abfolge zeitlich nacheinander zu hören.

4. Karin lernt, Silben zu hören

Wir übten aus den zweisilbigen Tätigkeitswörtern eine Silbe herauszuhören. Ich sagte zu Karin: „Du sollst aus Wörtern die Silbe ‚SE' heraushören. Sage mir, ob Du die Silbe am Anfang des Wortes hörst oder am Ende. Wenn ich das Wort ROSE sage, sollst Du mir sagen, ob das Wort mit SE anfängt oder mit SE aufhört." Wir klatschten das Wort ROSE. Karin konnte nicht sagen, ob sie die Silbe SE vor der Silbe RO oder danach hörte. Sie sagte: „Zuerst habe ich SE gehört." Ich klatschte noch einmal das Wort und sprach dabei. Karin blieb bei ihrem Eindruck.

Die Silben richtig nacheinander zu hören, muß gelernt werden. Da der gehörte Eindruck flüchtig ist, kann er nicht reflektiert werden. Ich mußte daher einen Weg finden, den verhallenden Ton dadurch festzuhalten, indem ich ihn vergegenständlichte: Ich legte zwei Bögen Papier in unterschiedlicher Farbe auf den Tisch. Auf das jeweilige Stück Papier legte ich mit Holzbuchstaben die Silben. Danach zeigte ich mit der Hand beim Sprechen zuerst auf das eine Blatt, dann auf das andere. Karin sah, wie ich bei der Silbe RO auf das blaue Papier zeigte und bei der Silbe SE auf das gelbe.

Danach legte ich keine Holzbuchstaben mehr hin, sondern zeigte, während ich die Wörter sprach, mit der Hand auf das erste leere Stück Papier und dann auf das zweite.

Ich fragte sie z. B.: „Wo hast Du die Silbe SE bei dem Wort HOSE gehört, vorne oder hinten?“ Karin schaute auf das gelbe Papier, als hätte ich dort Holzbuchstaben hingelegt und als hätte sie diese dort gesehen und sagte: „SE ist hinten.“ Ich sagte: „SEHE“ und zeigte wieder auf die beiden Blätter. Sie zeigte sofort auf das blaue Blatt. „SE ist vorne, kommt zuerst.“

Diese Übung entspricht der Stufe der materialisierten Handlung. Die flüchtige Silbe wird sichtbar gemacht.

Nachdem Karin 25 Tätigkeitswörter gelernt hatte, machte ich sie darauf aufmerksam, daß in den verschiedenen Wörtern glei-

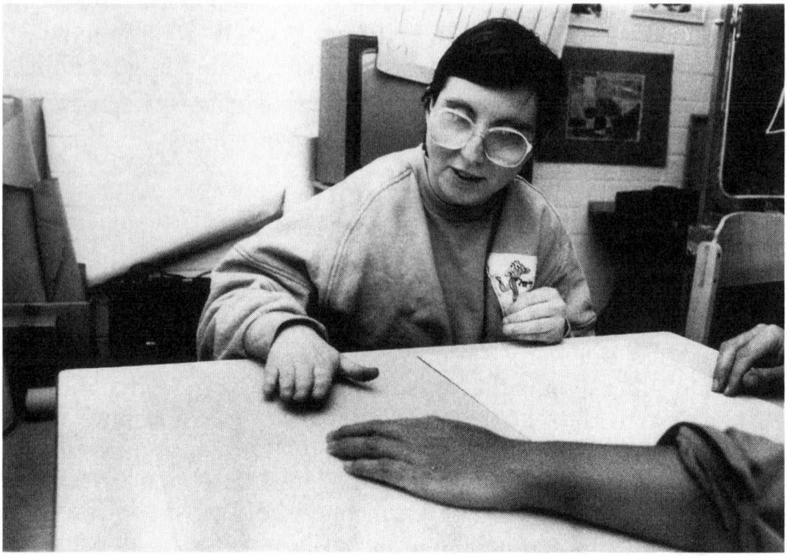

Karin lernt, die Silben des Wortes ROSE zu hören

Karin verwechselt LE *S*E und LE *B*E

che Silben vorkommen. Diese schrieb ich in gleicher Farbe wie z. B.:

Ich LE – *BE,* ich GE – *BE.*

Ich schrieb die Silben in großer Schrift auf Zeichenblockpapier, die sie dann in verschiedenen Kombinationen zusammenzusetzen lernte. Sie erkannte, daß es möglich ist, aus den Silben einiger Wörter neue Wörter zu bilden. Aus den Silben der Wörter: LE – BE, FE – GE, GE – BE, RU – HE, konnte sie z. B. folgende Wörter legen: RU – FE, GE – HE, HE – BE, LE – GE, HE – FE.

Wörter, die sich in der ersten und zweiten Silbe durch einen Buchstaben unterschieden wie z. B.:

ICH LE – *S*E
ICH LE – *B*E oder
ICH *K*AU – FE
ICH *L*AU – FE

verwechselte sie am Anfang häufiger. Daher markierte ich die Unterschiede farbig.

Wenn Karin sich verlas, war es wichtig, sie nicht zu verbessern. Richtiger war, ihr die Möglichkeit zu geben, sich das Wort neu zu erarbeiten. Wenn sie z. B. statt LESE LEBE las, zeigte ich auf das S, ließ sie es noch einmal mit dem Finger nachfahren und sprechen, um die Silbe SE noch einmal aufzubauen. Dann las sie ohne Mühe das Wort LESE richtig.

5. Karin liest Subjekt-Prädikat-Objekt-Sätze

Nachdem Karin zweisilbige Tätigkeitswörter und zweisilbige Gegenstandswörter lesen konnte, sollte sie Sätze, in denen die bekannten Wörter enthalten waren, lesen:

ICH HOLE EINE ROSE.
ICH KAUFE EINE LIMO.
ICH RUFE MAMA AN.

Ich erwartete, daß sie einen Satz nach dem anderen fließend lesen könnte. Doch als sie den Satz „ICH HOLE EINE ROSE" lesen sollte, fuhr sie mit dem Zeigefinger immer abwechselnd über das H und das O. „H und O ... H und O ... H und O ..." Ich half ihr: „H und O kannst Du lesen, wenn Du den Lesebogen mit der Hand machst vom H zum O." Karin las: „Ho". Ich zeigte in ihrem Heft das Wort HOLE, wie sie es schon sooft gelesen hatte. Sie sagte sofort: „Hole!"

Dann zeigte ich auf den Satz: „Siehst Du, das Wort kennst Du doch. Du kennst es doch und Du hast es sofort richtig gelesen. Hier in diesem Satz steht dasselbe Wort."

Karin fuhr wieder mit dem Zeigefinger über das H und das O. Ihre Lippen zitterten plötzlich. Sie zwinkerte mit den Augen. Ich wußte keinen Rat und sagte: „Hier steht – ich hole." Dann zeigte ich auf das Wort ROSE und sagte: „Dieses Wort kannst Du lesen, Du kennst es!" Karin sagte „R und O, R und O ..." Ich unterbrach sie: „Was holst Du?"

Sie war völlig eingeschüchtert, sah zur Decke, hielt sich an ihren Händen fest und antwortete mit leiser Stimme: „Die Rose hab' ich ja gemalt ..." Tränen kamen in ihre Augen.

Ich versuchte mir Karins Unsicherheit zu erklären. Wir hatten das Wort „hole" geübt und auch das Wort „Rose". Nur hatten wir die Wörter in einem anderen Zusammenhang geübt. Sie hatte

Recht. Die Rose hatte sie gemalt und daraus den Satz „ICH MALE EINE ROSE“ entwickelt. Das Kennenlernen der Rose war für sie wie eine Fahrt auf den Mond gewesen, denn sie hatte noch nie in ihrem Leben eine Rose gesehen und sie kannte auch das Wort nicht. Diese Erfahrung war mit einem anderen Tätigkeitswort zu einem unbekannten Inhalt verbunden worden. In „Neurophysiologie der Angst“ stellt Birbaumer den Zusammenhang von unbekannten Inhalten – Angst – und Lernblockade dar. (26)

Ich denke, daß Karin die Fähigkeit, Tätigkeiten und Gegenstände, die sie kennt, in ihrem Kopf in einen neuen Zusammenhang zu bringen, erst ausbilden muß. Sie hat zum Beispiel erfahren:

ICH MALE EINE ROSE.
ICH HOLE EINE DOSE.

Um sich den Satz „ICH HOLE EINE ROSE“ vorzustellen, müßte sie vorher vielfältige Erfahrungen machen, die das Wort ROSE mit unterschiedlichen Tätigkeiten verbindet und nicht nur mit dem Wort MALE.

Aus diesem Grund holte ich mit ihr von draußen eine Heckenrose. Ich schrieb nun alle möglichen Erfahrungen, die sie mit der Rose machte, auf:

ICH HOLE EINE ROSE.
ICH MALE EINE ROSE.
ICH RIECHE EINE ROSE.
ICH HABE EINE ROSE.
ICH FÜHLE EINE ROSE.
ICH SEHE EINE ROSE.

Diese Sätze konnte sie ohne Hilfe fließend lesen.

Durch die Vereinigung der Sinne mit dem Wort wird im tätigen Umgang mit dem Gegenstand ein funktionelles System aufgebaut. Bisher hatte Karin wenig Gelegenheit gehabt, funktionelle Systeme aufzubauen. Die Begriffe des alltäglichen Lebens sind ihr fremd. Erst wenn Karin über genügend funktionelle Systeme verfügt, können diese in Beziehung zueinander treten und Vorstellungen im Kopf ermöglichen, die nicht mittelbar von ihr erfahren worden sind. Über die Eigentätigkeit funktioneller Systeme schreibt Leontjew:

„Haben sich solche Systeme einmal gebildet, dann funktionieren sie als einheitliches Organ weiter. Die von ihnen vollzogenen psychischen Prozesse können damit gleichsam den Charakter unmittelbarer Akte annehmen, die besondere Fähigkeiten ausdrücken, räumliche, quantitative oder logische Beziehungen unmittelbar zu erfassen. Die funktionellen Organe lassen sich umgestalten. Einzelne ihrer Komponenten können durch andere ersetzt werden, wobei das funktionelle System als ganzes erhalten bleibt. Sie zeigen also eine außerordentliche Fähigkeit zur Kompensation." (27)

Als Karin genügend Begriffe von Gegenständen und Tätigkeiten gebildet hatte, konnten wir gemeinsam Texte entwickeln wie z.B.

> ICH KAUFE EIN.
> ICH KAUFE EINE LIMONADE.
> ICH GEHE NACH HAUSE.
> ICH TRINKE DIE LIMONADE.

VIII. Die akustische Differenzierung ähnlich klingender Laute

Carmen und Manuela hatten das Problem, ähnlich klingende Laute wie z.B. B – D – G, akustisch zu differenzieren. Da die Laute nicht nur vom Gehör, sondern auch von den Augen verarbeitet werden, ist es durch eine entsprechende Handbewegung möglich, über die Differenzierung der Motorik und der bildhaften Darstellung die akustische Differenzierung zu unterstützen und dann aufzubauen. Dies geschieht so:

Während ich den Laut D spreche, klopfe ich mit dem Finger auf den Tisch und ahme das Geräusch des Wassertropfens nach. Das D liegt in Form eines großen Holzbuchstabens neben meiner Hand. So verbindet sich die Handlung, die im Kopf eine Vorstellung aufbaut, mit dem Symbol D zu einem Gedanken. Die Handlung wird durch eine Zeichnung materialisiert die einen Wassertropfen darstellt. Dem B wird als Handlung das Legen des Zeigefingers auf die geschossenen Lippen zugeordnet und die Abbildung des geschlossenen Mundes.

Das G wird dadurch bewußt gemacht, daß ich mit der rechten Hand die Gurgel berühre. Diese Handlung ist auf einer Bildkarte abgebildet.

Das Prinzip der bildhaften und motorischen Präsentation eines Lautes ist bei jedem Buchstaben möglich. Die Form der Darstellung hatte sich so im Unterricht ergeben. Es sind aber auch andere Darstellungsformen möglich.

Durch einige Übungen mit Hilfe der optischen und motorischen Differenzierung lernten die Arbeiterinnen und Arbeiter allmählich die akustische Analyse aufzubauen. Die Bildkarte, auf der die Laute abgebildet und bezeichnet sind, lag immer auf dem Tisch und hat sich beim Lesen und Diktatschreiben von einfachen Tätigkeitssätzen als Orientierung bewährt. Wenn ich z.B. den Tätigkeitssatz „Ich bade“ diktierte, zeigte ich anfangs bei der Silbe ba auf das Bild, dann auf meine Lippen. Carmen vollzog meine Handbewegung nach und schrieb „ba“ richtig. Zur Silbe „de“ machte ich die Klopfbewegung und zeigte auf das Bild

Manuela und Carmen lernen die Laute B, D, G zu differenzieren

des Wassertropfens. Sie schrieb „ba-de“ richtig ins Heft. Ich verkürzte beim Diktieren die Handlung immer mehr, so daß ich beim B nur noch die Handbewegung in Richtung Mund andeutete und beim D mit dem Zeigefinger auf den Tisch zeigte.

Ich konnte beobachten, daß Manuela und Carmen allmählich schon beim Hören des D oder B den Laut mit den Lippen (B) und mit der Zunge (D) formten und richtig schrieben. Nach mehreren Übungen fiel die visuelle Vorstellung, die akustische Vorstellung und die Lippenbewegung mit dem Schreiben zusammen. Sie brauchten die äußere Hilfe nicht mehr. Allerdings kam es öfter vor, daß Carmen, wenn ich z. B. das Wort „rufe“ diktierte, richtig vor sich hinsprach: „r und u ergibt ru“; dann aber schrieb sie r und o. Erst wenn ich sagte: „Was hast Du geschrieben?“ antwortete Carmen: „ru natürlich. – Ach nein, ich habe ro geschrieben. Verkehrt!“

Wenn ich sie fragte: „Warum tust Du das?“ antwortete sie: „Tja, dann hab' ich wohl nicht aufgepaßt, nicht richtig hingehört, oder?“ Ich sagte dann: „Doch richtig gehört hattest Du. Du hast aber nicht hingeschrieben, was Du gesagt hast.“ Sie antwortete: „Stimmt auch wieder.“

Dies ist ein Beispiel dafür, daß der sprechmotorische Ablauf

Carmen macht sich das B bewußt

nicht automatisch in den richtigen schreibmotorischen Ablauf umgesetzt wird. Die Verbindung von Sprechen und Schreiben muß geübt werden.

Ich sagte zu Carmen: „Du mußt ganz genau zuhören, bevor Du schreibst. Du mußt, wie es so schön heißt, Deine Sinne beisammen haben. Sehen, Hören, lautes Sprechen und Schreiben müssen eins werden. Augen, Ohren, Mund und Hand müssen zusammenarbeiten."

Sie antwortete: „Du hast ja recht – also das Ganze jetzt weiter."

Das Auseinanderfallen der Sinne ist nicht nur in der Unterrichtssituation ein Problem, sondern auch am Arbeitsplatz. So beobachtete ich in einer Abteilung, wie z. B. Arbeiterinnen und Arbeiter einen Puppenkörper schmirgelten. Die meisten guckten dabei in die Runde und mit den Händen schmirgelten sie vor sich hin. Nur bei einem Arbeiter der Gruppe konnte ich gezielte, kontrollierte Handlungen beobachten. Er sah sich den Körper an, fand eine Stelle, die geschmirgelt werden mußte, hielt dann den Körper gegen das Licht, um das Endergebnis zu prüfen.

Das Ziel des Unterrichts ist, daß die Arbeiterinnen und Arbeiter lernen, immer bei Bewußtsein zu sein und sich ständig selbst zu beobachten und wahrzunehmen.

Carmen sagte: „Es ist wahr, ich kenne meine Gehirnströme. Die Gehirnströme schmerzen im Kopf, wenn ich nichts tun kann. Wenn ich nicht weiß, was ich tun soll, wenn nichts ist. So, als wenn sie signalisieren: ‚Tu mal was!‘ Wenn ich aber lese, dann gehen die Kopfschmerzen weg. Wenn ich lese oder schreibe, dann vergesse ich alles, was ich sonst eigentlich tun müßte, das was z. B. meine Mutter zu mir gesagt hat.“

Die Einheit aller Sinne bei der Tätigkeit mit den Gegenständen und die Bewußtwerdung durch die Sprache ist die Voraussetzung für das Lernen. Die Bewußtwerdung muß bei den meisten Arbeiterinnen und Arbeitern aufgebaut und stabilisiert werden.

Als Manuela zum ersten Mal ein Wort mit Sinnentnahme gelesen hatte, war sie so glücklich wie jemand, der eine Prüfung mit Erfolg bestanden hat. Es war das Wort Mehl. Sie las: „MEEEHLL“. Auf einmal leuchteten ihre Augen und sie rief: „MEHL – MEHL kenn’ ich doch, das ist doch so ein weißes Pulver. Das liegt dann überall auf dem Tisch und so. Mehl braucht man zum Pfannkuchen backen. Das hab ich doch gesagt, daß das MEHL heißt. Das war *ich* doch!“

Einmal las sie folgenden Text, den sie sich aus einem Lesebuch ausgesucht hatte:

Peter malt sein Auto rot an

Ich bat Manuela, das Auto, das Peter auf der Abbildung rot anmalt, rot anzumalen. Das Auto war auf den Kopf gestellt. Manuela malte es rot an. Dann las sie: „Peter maaaaallllt daas Au-to rooot ann.“

Ich fragte sie: „Wo ist Peter?“ Sie sah mich verständnislos an. „Ich weiß nicht.“ Ich fragte sie: „Was hast Du denn eben gemacht?“

„Ich hab gemalt. Mit diesem Stift hier. Da hab’ ich gerade rot gemalt.“

Ich fragte sie: „Was denn?“

„Das weiß ich auch nicht – rot.“

Ich drehte das Blatt um, so daß sie das Auto aufrecht sehen konnte. Sie erkannte es und sagte jetzt ohne Zusammenhang mit dem Text: „Das ist ein Auto.“

Ich fragte sie: „Und wie heißt der Junge auf dem Bild?“ „Das weiß ich nicht.“

Ich las ihr den Text vor: „Peter malt sein Auto rot an.“

Sie antwortete: „Ich hab’ das Auto rot angemalt.“

Ich stelle immer wieder fest, daß die Lernenden nur wenig Erfahrung machen, bildhafte Darstellungen im Kopf zu einer handelnden Vorstellung zu bringen. Daraus wird ersichtlich, wie weit der Weg ist, die Schriftsprache zur Anschauung zu bringen. Das wichtigste Gebot ist daher, keine sinnentleerten Texte lesen zu lassen. Es müssen Texte sein, die mit der eigenen Erfahrung und der eigenen Vorstellung verbunden sind. Daher ist es wichtig, die Texte vor dem Lesen spielen oder malen zu lassen.

IX. Thomas schreibt in Spiegelschrift

Obwohl Thomas in der Schule die Gebärden von Kraft gelernt hatte, buchstabierte er. Wir übten die Buchstaben als sinnhafte Laute mit Hilfe der Bildkarten und der Handbewegungen. Zuerst erinnerte er immer wieder die Buchstabiermethode und brachte dann beide Methoden hintereinander. Wenn er z. B. den Buchstaben „R" benennen sollte, sagte er: „ERRRR, ne, falsch! ERRRRr. Quatsch, klingelnder Wecker, Rrr."

Dabei machte er kreisförmige Bewegungen mit dem rechten Arm. Als wir mit dem Lesen der Silben begannen, wurden die Schwierigkeiten für Thomas sichtbar. Er ist Linkshänder und liest von rechts nach links. Wenn er die Silbe RO lesen soll, liest er OR. Um mit ihm die Augenbewegung von links nach rechts aufzubauen, nahm ich seine linke Hand und zog sie gegen seinen Widerstand von links nach rechts, vom R zum O. Bei Linkshändern ist die dominante Bewegung mit der linken Hand von rechts nach links.

Bei Rechtshändern hingegen ist die Links-Rechtsbewegung besser ausgebildet als umgekehrt. „Die Bewegungen der rechten Hand werden bei Rechtshändern schneller von links nach rechts als umgekehrt ausgeführt." (28)

Möglicherweise widerstrebte ihm die Links-Rechtsbewegung völlig. Sie entsprach nicht seinem Handlungsschema und seiner Sehgewohnheit. Er ermüdete immer sehr schnell, so daß er in der Gruppe nicht mitarbeiten konnte. Es fielen ihm nach zehn Minuten Lesen und Schreiben regelrecht die Augen zu, so daß ich ihm häufig eine Tasse Kaffee anbot, um ihn wach zu halten. Er trank sie aus, aber sie bewirkte nichts. Beim Schreiben war auffällig, daß er viele Buchstaben seitenverkehrt schrieb und manche auf den Kopf stellte, z. B.:

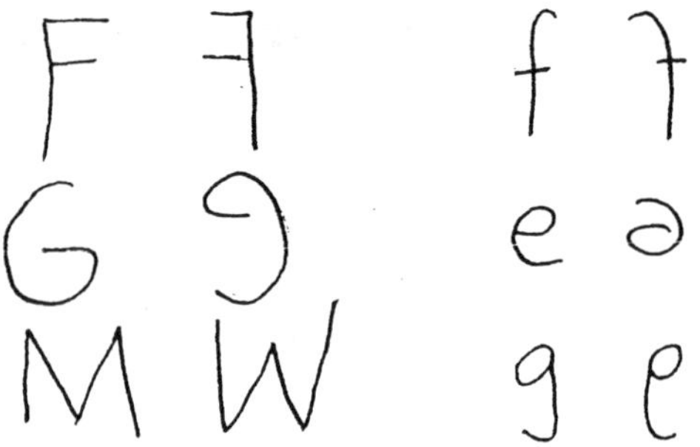

Zu dem Problem, wie es zu spiegelbildlichem Schreiben kommt, gibt es zur Zeit noch keine eindeutigen Aussagen. „Doch gibt es Phänomene, die allen, die in Spiegelschrift schreiben, gemeinsam sind: Spiegelschrift tritt bei Linkshändern auf; sie ist gewöhnlich dann zu beobachten, wenn die Linkshänder mit der linken Hand schreiben; das Schriftbild ist beim Schreiben mit der rechten Hand räumlich entgegengesetzt. Deshalb halten wir die Annahme für berechtigt, daß die Spiegelschrift eine der Ausdrucksformen einer andersartigen räumlichen und zeitlichen Organisation der Linkshänder als der Rechtshänder ist. Vielleicht ist diese räumliche Organisation des Schreibens für einige Linkshänder physiologischer. Dafür sprechen einige Befunde: Spiegelschrift tritt bei Kindern beim Schreibenlernen auf; bei Erwachsenen kann sie unter erschwerten Bedingungen wieder durchbrechen – bei Ermüdung, bei Unaufmerksamkeit oder bei Krankheit; die plötzlich bei einem sonst normal schreibenden Linkshänder auftretende Spiegelschrift wird schneller und gleichmäßiger ausgeführt und kostet ihn weniger Anstrengung und Überwindung als das Schreiben mit der rechten Hand, das bei ihm scheinbar schon zur gewohnten Schreibweise geworden war.“ (29)

Ich konnte bei meiner Arbeit mit Thomas auch beobachten, daß das spiegelbildliche Lesen und Schreiben mit seiner Müdigkeit zusammenhing. Wenn er trotz der Epileptikertabletten in einem relativ wachen Zustand war, fiel ihm die Links-Rechtsbewegung und das regelrechte Abschreiben leichter, als wenn er kaum noch die Augen vor Müdigkeit aufhalten konnte.

Das Problem, daß Thomas die Silben von rechts nach links aufbaute oder spiegelbildlich sah, trat immer wieder auf, wie z. B. bei der Silbe MA in dem Wort TOMATE und dem Abmalen einer Banane.

Thomas nimmt die Tomate in die Hand und riecht sie

Wir essen die Tomate

Thomas versucht das Wort Tomate zu schreiben

Thomas hat Probleme mit der Silbe MA

Thomas lernt die Silben zu hören, indem er sie sichtbar macht

Thomas hat die Rundung der Banane spiegelbildlich gemalt

Da das Lesenlernen bei Thomas meistens Müdigkeit auslöste, schlugen wir ihm vor, an der Musikgruppe teilzunehmen. Das Singen bereitete ihm Freude und machte ihn wach und ausgeglichen. Doch Thomas wollte unbedingt das Lesen lernen. So fing ich im Einzelunterricht noch einmal von vorne an, mit ihm das Lesen zu lernen. Ich ließ am Anfang zu, daß er von rechts nach links schrieb und tolerierte auch die umgekehrten Buchstaben, die er schrieb. Wichtig war nur, daß er das, was er selbst schrieb auch selbst lesen konnte. Vielleicht macht ihm das Lesenlernen, wenn es am Anfang seiner Orientierung entspricht, weniger Mühe. Wenn er aber auf diese Weise das Lesen lernt, wird es für ihn vielleicht möglich, diese Fähigkeit auf das Lesen von links nach rechts zu übertragen.

Der Leser mag denken, daß es unsinnig ist, Thomas zuerst einmal Falsches zu lehren, was er dann später korrigieren muß. In dieser Hinsicht habe ich während meiner Arbeit ständig meinen Standpunkt, was falsch und was richtig ist, infrage gestellt. Wichtig ist, dem Lernenden eine Möglichkeit zu geben, daß er sich entwickeln kann. In der Verantwortung der Lehrerinnen oder des Lehrers liegt es, die besten Entwicklungschancen des Lernenden zu erkennen und ihm immer das für ihn Gemäße anzubieten. Der Lehrer muß jeden Lernschritt so organisieren, daß der Lernende die Möglichkeit hat, sich Schritt für Schritt zu entwickeln. Das kann dieser aber nur, wenn der Lehrer den eigenen Ausdruck des Lernenden zuläßt und von diesem ausgeht. Nicht das Lernen um des Lernens willen und die Anpassung an die Normalität ist der Grundsatz, sondern das Setzen von Zielen, den Mut zum eigenen Ausdruck auszubilden, zum eigenen Schriftbild, zur eigenen Sprache, zur eigenen Malerei, zum eigenen Musikstück, zur eigenen Gestik, zur eigenen Form sich fortzubewegen, das heißt zum Selbstbewußtsein.

Darüber, wie wichtig das Bewußtsein von den eigenen Möglichkeiten und das Durchsetzen dieser eigenen Möglichkeiten ist, schreibt der gehbehinderte schwedische Arzt Carlson aus seiner Erinnerung. Als er als fünfjähriges Kind hilflos und ohne Stöcke an einer Hausmauer gelehnt stand, ging vor seinen Augen ein Gespann von Brauereipferden durch:

„Ich war so aufgeregt, daß ich ebenfalls wegrannte – ich lief einen ganzen Häuserblock ohne meine Stöcke entlang, bevor ich mir bewußt wurde, was ich tat. Ich konnte gehen! Es schien zu gut um wahr zu sein, und ich stürzte nach Hause, um meiner Mutter die große Nachricht zu bringen. Ich kam halb rennend und halb schlürfend in das Zimmer, wo sie gerade mit einigen Nachbarinnen beim Kaffeekränzchen saß und sie schrien alle in heller Aufregung: ‚Ihr Junge geht ohne Stöcke! Es ist ein Wunder geschehen; Ihre Gebete sind erhört worden!' Meine Mutter war die einzige, die ruhig blieb: ‚Kein Wunder', sagte sie ruhig, ‚es ist das Ergebnis harter Arbeit.' Meine Mutter täuschte sich. Die ganze Schulung, die sie mir gegeben hat, war schon eine Hilfe, doch war es meine vollkommene Ablenkung durch die entlaufenen Pferde und der überwältigende Trieb, ihnen zu folgen, die das Unmögliche möglich gemacht und mich befähigt hatten, ohne Hilfe zu laufen." (30)

Lernen ist immer wie ein Balanceakt auf dem Hochseil. Einerseits müssen Lehrerinnen und Lehrer systematisch, stufenweise Fähigkeiten anbahnen, andererseits müssen sie den Lernenden Raum lassen, sich eigenständig zu entwickeln. „Ein Schritt, der diese Einheit nicht bedenkt, hat tödliche Folgen, wenn er nicht abgefangen und korrigiert werden kann." (31)

X. Barbara lernt schreiben

Barbara war der Meinung, daß sie nicht schreiben könne, weil ihr Schriftbild für andere ein unleserliches Gekritzel war. Als ich ihr Mut machte, daß es erst einmal darauf ankommt, so zu schreiben, daß sie uns ihre geschriebenen Texte in der Schule vorlesen kann, war sie motiviert, sich abends hinzusetzen und ohne Hilfe ihrer Omi Geschichten zu schreiben. In der Schule las sie uns ihre Geschichten vor. Sie konnte sie tatsächlich lesen. Noch nach einer Woche las sie sie Wort für Wort, so wie beim ersten Vortrag.

Wer mich anmeckert

Zum Beispiel meine Gruppe
meine Kollegen.
Marianne hatte schlechte Laune.
Sie hat mich angemeckert.
Marianne hatte auch die anderen angemeckert.
Marianne hatte mich heute angemeckert.
Wegen Olaf – hat zu mir gesagt, daß ich Kaffee aufsetze.
Marianne hat zu mir gesagt: „Ist schon der Kaffee durch?“
Ich habe zu ihr gesagt: „Der Kaffee ist noch nicht durch.“
Ich wollte auch einen Becher Kaffee haben.
Wir waren gerade drüben.
Olaf hatte den letzten Schluck genommen.
Marianne hatte zu Olaf gesagt,
ich mußte um 14.00 Uhr gehen.
Außerdem waren wir beim Abwaschen dran.
Olaf kommt rüber und hat gesagt:
„Marianne du mußt rüber kommen zum Abwaschen.“

Als ihre Omi, die sie beim Schreiben beobachtet hatte, zu ihr sagte: „Was Du da schreibst, das kann ja kein Mensch lesen!“ war sie so verzweifelt, daß sie mir am nächsten Tag erzählte, sie hätte

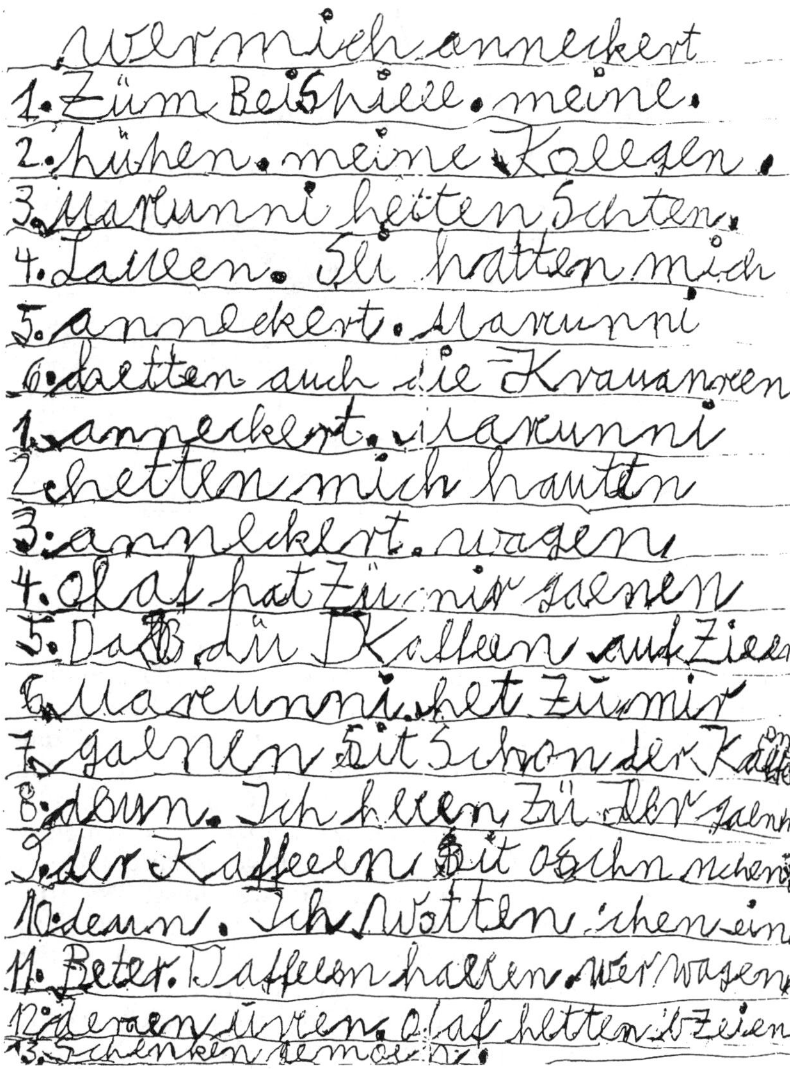

wer mich anneckert
1. Züm BeiSpiele. meine.
2. hühen. meine Kollegen.
3. Marunni heiten Schten.
4. Lauen. Sli hatten mich
5. anneckert. Marunni
6. haetten auch die Kravananeen
1. anneckert. Marunni
2 hetten mich hautten
3: anneckert. wagen
4. Olaf hat Zü mir gaenen
5. Daß dü Dkallen auf Zieen
6. Marunni het Zü mir
7. galnen Sit Schon der Kaffee
8: daun. Ich heen Zü der galnen
9. der Kaffeen Sit oschn ncheng
10: denn. Ich wotten ichen ein
11. Beter. Kaffeen hallen. wer wagen
12: deren üren. Olaf hetten ibZeien
13. Schenken remoen.

am liebsten ihr Heft zerrissen. Ich hatte den Fehler gemacht, daß ich ihr zwar Mut zum Schreiben gemacht hatte, ihr aber die objektive Bedeutung der Schrift nicht vermittelt hatte. Ich tröstete sie und erklärte: „Das Wichtigste ist doch, daß Du Deine Schrift lesen kannst. Du liest uns Deine Geschichten vor, ich tippe sie auf der Schreibmaschine ab und dann können sie sie alle

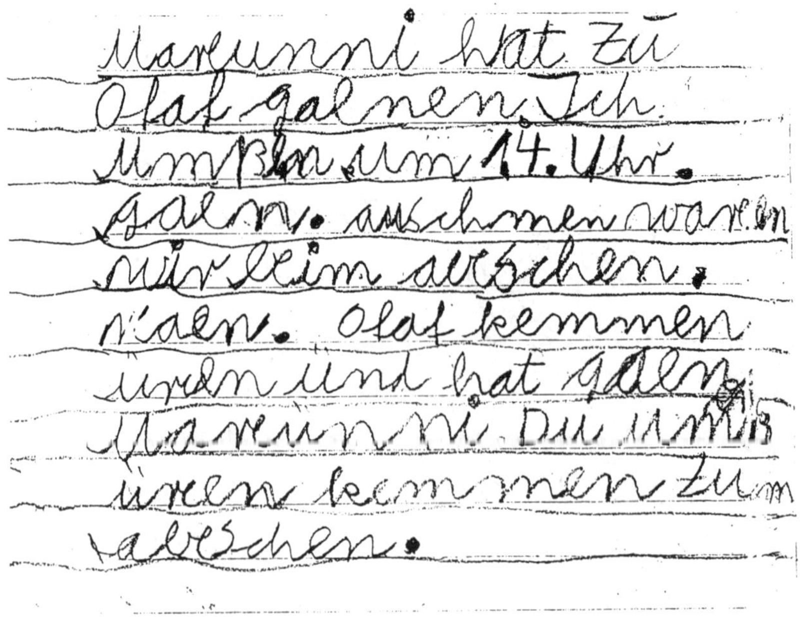

Marunni hat zu
Olaf galnen. Ich
Umrbla um 14. Uhr.
galen. auschmen warn
mir leim aubschen.
naen. Olaf kemmen
uren und hat galen.
Marunni Du umüß
uren kemmen zum
abschen.

aus der Gruppe lesen." Barbara verglich die Texte: „Du schreibst ja auch die Wörter anders als ich, warum?" Es fehlten mir die Worte, ihr die Notwendigkeit der Rechtschreibung zu erklären, ohne sie zu enttäuschen. Als Barbara erkannte, daß ihre Schrift objektiv keine Bedeutung hatte, brach für sie auch der persönliche Sinn zusammen. Sie hatte die Motivation, Geschichten zu schreiben, aufgegeben (s. S. 27). Ein Kollege erklärte mir, was ich falsch gemacht hatte: „Anstatt sie mit ihrem falschen Schriftbild zu konfrontieren, müssen Sie ihr ermöglichen, ihre Lautsprache regelrechter zu codieren. Sie muß lernen, die Silben und Buchstaben in der richtigen Folge zu hören…"

Ich wählte aus ihrem Text einige Wörter aus und ließ sie deutlich und langsam nachsprechen. Dann klatschten wir die Silben und legten die Wörter in Holzbuchstaben auf den Tisch. Der Erfolg war auch für Barbara überzeugend. Vorher hatte sie das Wort „traurig" wie folgt codiert: „kreaut". Nach der Übung schrieb sie „trau-rek".

Obwohl sie nun erfährt wie mühsam der Weg ist, die Rechtschreibung zu lernen, schreibt sie wieder Geschichten zu Hause.

XI. Das Lesen mit Fortgeschrittenen

In der Lesegruppe für Fortgeschrittene waren sieben Arbeiterinnen und Arbeiter. Allen war gemein, daß sie Texte vorlesen konnten, so daß die Zuhörer sie verstanden, sie selbst aber nicht. In dieser Gruppe wurde, wie in keiner anderen Gruppe, die Tragödie unseres Erziehungswesens sichtbar:

Wellensittiche können sprechen und singen lernen. Auf einem Campingplatz sang mit lauter Stimme jemand: „Das ist die Berliner Luft – Luft – Luft, so mit ihrem feinen Duft – Duft – Duft."

Es war ein Kakadu. – Ein gelungener Dressurakt. Hätten sich die Eheleute soviel Mühe gegeben, sich gegenseitig zu verstehen, wie dem Kakadu das Singen und Sprechen beizubringen, dann hätten sie den Kakadu vielleicht nicht gebraucht. So aber saßen sie sich stumm gegenüber in ihren Liegestühlen oder am Frühstückstisch. Der Kakadu saß meistens auf der Schulter seines Herrchens. Dieser redete zum Kakadu, und der Kakadu redete ihm nach. Der Kakadu wurde zum Liebling des ganzen Campingplatzes. „Guten Morgen, mein Schätzchen, mein Schätzchen, das ist die Berliner Luft – Luft – Luft, guten Morgen, mein Schätzchen." Wer von uns kann sich nicht in das Leben dieses Kakadus hineinversetzen? Schließlich haben wir ja alle die Schule besucht. Da haben wir alle „den Kakadu gespielt". Sonst hätten wir nie einen Abschluß erwerben können. Plappermäuler mit Diplom.

Mit dieser Gruppe habe ich das Märchen „Hänsel und Gretel" gelesen. Als ich nach dem Inhalt des ersten Abschnittes fragte, kamen zuerst keine Kommentare. Erst, als ich darauf bestand und fragte: „Worüber unterhalten sich denn die Eltern von Hänsel und Gretel?" antwortete eine Arbeiterin: „Die Mutter sagt, daß sie nicht soviel fernsehen sollen und früh ins Bett gehen sollen und die Zähne putzen sollen." Eine Arbeiterin, die das Märchen schon kannte, konnte sagen, daß die Eltern die Kinder in den Wald schicken wollen, wußte aber auch nicht warum. Auch als ich auf die Bilder in dem Märchenbuch deutete: „Das ist der Vater, das ist die Mutter, da, hinter der Tür, lauschen Hänsel und Gretel“, verstanden sie den Inhalt nicht. Dann ließ ich das Stück spielen. Es spielten mit: Vater, Mutter, Hänsel und Gretel. Ich spielte die Stiefmutter. Ich zeigte, daß kein Brot mehr im Schrank ist und darum die Kinder in den Wald geschickt werden müssen. Die Kinder spielten dann mit den Eltern den Weg in den Wald. Ich malte den aufgehenden Mond an die Tafel. Ich forderte Hänsel auf, die Holzbuchstaben, die die Kieselsteine symbolisieren sollten, auf dem Heimweg wieder aufzusammeln, da der Mond nun scheinen würde und ihnen den Weg zum Elternhaus ermöglichte. Als ich nach dem Rollenspiel nach dem Inhalt des Märchens fragte, erklärte mir der Arbeiter, der Hänsel gespielt hatte, mit fassungslosem Gesichtsausdruck: „Ich habe zuerst die Buchstaben auf den Boden geschmissen, weil *Sie* es zu mir gesagt haben. Ja, das habe ich getan, da liegen sie.“ In seinem Gesicht war eine verzweifelte Ernsthaftigkeit und der Schmerz der Verwirrung über einen solchen Irrsinn und der Wunsch, klarstellen zu müssen, daß er auf meinen Befehl gehandelt hätte und nicht aus eigenem Antrieb. Sein Gesicht war totenblaß und die Augen waren weit geöffnet. Er nickte mit dem Kopf: „Ich hab' getan, was Sie gesagt haben. *Das* hab' ich getan, Frau Manske.“

Das sind Augenblicke voller Trostlosigkeit. Ich sagte: „Du hast recht. Ich habe gesagt, nimm die Holzbuchstaben und wirf sie auf den Boden.“

Eine Erleichterung ging über sein Gesicht: „Ja, das haben *Sie* gesagt.“ Ich antwortete ihm: „Ich hätte das nicht sagen sollen, Holzbuchstaben sind keine Kieselsteine.“ Er antwortete: „Das macht nichts.“

Danach entschloß ich mich, mit dieser Gruppe nur noch ihre eigenen Erfahrungen aufzuschreiben und diese lesen zu lassen.

Die Themen, die sie vorschlugen, waren z. B. eine Geburtstagsfeier in der Familie, in der Werkstatt, ein Fest in der Werkstatt, fast nichts anderes als das, was in der Werkstatt oder der Familie stattfand.

Einmal erzählte eine Arbeiterin mit glücklichem Gesichtsausdruck, daß sie zum ersten Mal mit ihrer Schwester griechisch Essen war. Das war für sie eine tolle Geschichte. Von den anderen war noch niemand griechisch Essen gewesen.

Für viele der Arbeiterinnen und Arbeiter ist die Sprache reduziert auf Signale, etwas zu tun oder etwas zu lassen. Oft bestehen die Dialoge zwischen mir und ihnen aus reinem Nachsprechen. Diese Stufe entspricht nach Wygotski der ersten Stufe in der Entwicklung des Sprechens – der sozialen Sprache. Meines Erachtens nach haben diese Arbeiterinnen und Arbeiter die Stufe der egozentrischen Sprache, wie sie bei Kindern vom 3. bis zum 6. Lebensjahr zu beobachten ist, noch nicht durchlaufen. Auf der Stufe der egozentrischen Sprache beginnt das Kind für sich zu sprechen, eigene Pläne in seinem Kopf aufzubauen und den Umschlag auf die Stufe der inneren Sprache vorzubereiten. (32)

Meterhohe Betonwände trennen uns. Das ist, als ob Menschen hinter Panzerglas stehen. Sie sehen sich, sie hören sich, sie erkennen sich, sie lachen sich an, aber da ist keine Durchlässigkeit.

Als ich erkannte, daß die gelesene oder geschriebene Sprache als Verständigungsmittel nicht optimal war, versuchte ich, die Arbeiterinnen und Arbeiter zur bildhaften Darstellung ihrer Erfahrungen anzuregen. Anhand von Magnetbildern, die die Einrichtung eines Wohnzimmers darstellten, bat ich sie, diese Bilder ihrem Geschmack entsprechend an der Tafel zu ordnen. Danach erzählten sie, wie ihr Zimmer zuhause eingerichtet ist.

Ich bat sie dann, auf Buntpapier die Einrichtungsgegenstände ihres Zimmers aufzumalen. Ich war verwirrt, als ich sah, daß sie alle Gegenstände in der gleichen Weise darstellten: die Uhr, den Tisch, den Stuhl, das Bett, das Radio, den Plattenspieler; alle Gegenstände malten sie viereckig mit zwei oder vier Beinen. Ich denke, daß sie kein bewußtes Verhältnis zur Funktion der Gegenstände in ihrem Zimmer haben, d.h. keinen wirklichen Begriff außer zum Tisch oder Stuhl – den sie jeweils als Platte mit 2 Beinen wahrnehmen. Und daher sehen die Dinge in ihrem Bewußtsein alle so aus.

Diese Erkenntnis entspricht der Auffassung von Kant, daß Begriffe ohne Anschauung leer sind, d.h. ohne Vorstellung der Dinge bleiben.

Der taubblinde Sergeij Serotkin hat Anschauung und Begriff, weil er die Funktion der Dinge kennt. Er sagt z.B. über einen Tisch: „Der Sehend-Hörende kann sich beispielsweise einen Tisch in beliebiger Farbe, Form und künstlerischer Gestaltung vorstellen, der Blind-Taube warm oder kalt, rauh oder glatt. – Doch weder die Sehend-Hörenden, noch die Blind-Tauben werden den Tisch mit den Beinen nach oben kehren oder ihm eine weiche Oberfläche geben, denn damit würde man das Wesen des realen Tisches, seine Fähigkeit, Geschirr, Bücher usw. zu tragen und ein Arbeitsplatz für den Menschen zu sein, verletzen. Die Gemeinsamkeit der Psyche (der geistigen Welt) des Blind-Tauben und des Sehend-Hörenden ist an den Ergebnissen ihrer Tätigkeit, an ihren Zielen und Aufgaben zu erkennen. Handeln sie auch auf verschiedene Weise und mit verschiedenen Mitteln, so erreichen sie doch die gleichen Ziele und Ergebnisse, abgesehen von geringfügigen, individuellen Abweichungen." (33)

Das wesentliche Problem in der Arbeit mit Erwachsenen mit geistiger Behinderung ist, daß sie lernen müssen, selbst ein bewußtes Verhältnis zu den Gegenständen ihrer Umwelt aufzubauen. Das heißt, daß sie mit den Gegenständen ihrer Umwelt ein tätiges Verhältnis haben.

Ich versuchte nun, selbst Bilder aus meiner Erfahrung zu malen. Ich stellte fest, daß ich einen Kochtopf malen konnte und zwar deswegen, weil ich ein tätiges Verhältnis zu ihm habe – ich kenne seine Funktion. Als ich zu malen versuchte, was sich unter meiner Motorhaube verbirgt, stellte ich fest, daß ich große Schwierigkeiten damit hatte. Ich habe dort oft hineingeschaut, ohne wirklich etwas zu sehen, d.h. ich habe nichts davon in einem tätigen Verhältnis kennengelernt und kenne die Funktion der Dinge nicht.

Ich malte daraufhin aus dem Kopf folgende Bilder:

Für einen Autoschlosser ist es, denke ich, kein Problem, den Motor seines Autos zu zeichnen, unabhängig von seiner zeichnerischen Begabung, weil er damit hantiert und dessen Funktion kennt.

Die Lesegruppe der Fortgeschrittenen erinnerte mich immer wieder an meine eigene Schulzeit. Ich selbst war während meiner Schulzeit eine Künstlerin im sinnlosen Merken geworden. Im

Unterricht nach dem Sinn der Dinge zu fragen machte keinen Sinn, und den Dingen „auf den Grund“ zu gehen, dafür gab es keinen Grund. Was wollten denn die Lehrer anderes als daß wir uns gut merkten, was sie sagten?

Nach dem Modell des „Nürnberger Trichters“ versuchten sie uns ihr Wissen einzutrichtern. „Übermittlung, bei der der Lehrer als Übermittler fungiert, führt die Schüler dazu, den mitgeteilten Inhalt mechanisch auswendig zu lernen. Noch schlimmer aber ist es, daß sie dadurch zu Containern gemacht werden, zu Behältern, die vom Lehrer gefüllt werden müssen. Je vollständiger er die Behälter füllt, ein desto besserer Lehrer ist er. Je williger es die Behälter zulassen, daß sie gefüllt werden, um so bessere Schüler sind sie.“ (34)

Ich werde daher nie meine Ratlosigkeit vergessen, als meine Zeichenlehrerin mich im Unterricht – beim Betrachten meiner Zeichnung – fragte: „Christel, hilf mir auf die Sprünge, was willst Du mit Deinem Bild sagen?“ Ich sah sie fassungslos an. Ich wußte nicht, daß ich mit meinem Bild etwas sagen wollte. Sie hatte gesagt: „Malt eine Blume ab!“ und ich hatte eine Blume abgemalt, eine rote Aster. Ich blieb stumm. Nach längerem Schweigen sagte ich: „Ich weiß nicht, ich hab’ die Blume abgemalt, ich glaube, sie gefiel mir am besten, ich hab’ mir nichts dabei gedacht.“

„Oh doch“ sagte sie. „Ich verstehe dich jetzt schon ein bißchen besser. Siehst du, es gibt so viele Blumen hier im Park, aber Du hast die Aster gewählt, weil sie Dir am besten gefällt.“

Nach längerem Schweigen sagte sie: „Deine Fähigkeit, zu wissen was Dir gefällt und nicht die Lehrer zu fragen, das ist Deine Stärke. Du könntest eine gute Schülerin sein, ich weiß es, aber Du tust oft nur, was Dir gerade einfällt. Welcher Lehrer kann das wollen? Ich finde Deine Aster wunderschön, weil ich sehe, daß sie Dir gefällt.“

Plötzlich erinnerte ich mich daran, daß ich als fünfjähriges Kind mit den Blumen gesprochen hatte. Ich hatte meine Lieblingsblumen. Ich fand, daß die Akelei wie eine Königin aussieht unter den Blumen, und ich sah sie immer mit Respekt an. Das Gänseblümchen kam mir vor wie ein Kind, das niemals auf die Oberschule kommen würde. Es gab zuviele von ihnen. Plötzlich sagte sie: „Guck, da hinten sitzt Inge. Sie hat keine Lieblingsblume im Park. Sie malt ab, was ihre Nachbarin malt. Was soll nur aus so einem Kind werden?“

Jedesmal, wenn sie mit mir so sprach, erlebte ich ein inneres

Erdbeben. Sie rüttelte mich wach; Gefühle, Gedanken im Aufbruch. Ich sah meine Aster an und ich sah, wie sie auf dem weißen Papier leuchtete. Und dann sah ich Inge. Mein Herz klopfte. Ich sprach mit niemanden über das, was mir meine Zeichenlehrerin anvertraut hatte. Es klang so, als wenn sie zu mir gesagt hätte: „Inge ist todkrank."

Wenn Wörter in unserem Kopf unsere Erfahrungen bewußt machen, werden sie zu Begriffen und erwecken uns zum Leben.

Wenn wir ein Wort hören, dann sehen wir es, fühlen es, riechen es, schmecken es und erkennen es im Zusammenhang unserer Erfahrung. In unseren Köpfen kann etwas geschehen, was noch nirgendwo außerhalb von uns geschehen ist. Wir verknüpfen unsere begriffenen Erfahrungen zu neuen Erfahrungen und stellen in unserem Kopf eine phantastische Wirklichkeit her. Diese vorgestellte Wirklichkeit in unserem Kopf versuchen wir, in eine reale Wirklichkeit außerhalb von uns umzugestalten. So kann unsere Phantasie Wirklichkeit werden.

Dressierte Kinder können keine phantastischen Kinder werden. Kinder, die nie gelernt haben, ihre Erfahrungen mit ihren Bedürfnissen zu verknüpfen und Wirklichkeit werden zu lassen, wissen nicht was Phantasie bewirkt.

In meiner verhaltenstherapeutischen Ausbildung lernte ich, daß bei Menschen mit niedrigem Ausbildungsstand verhaltenstherapeutische Dressur am erfolgversprechendsten ist. Gemeint waren vor allem Delinquenten, Hilfsschüler, Menschen mit geister Behinderung usw.

Lernen bedeutet aber nicht gelungene Dressur, sondern bedeutet die Einheit von Fühlen, Sprechen und Handeln herbeizuführen und die Menschen zu bewegen, ihr Bewußtsein in sinnvolles Handeln in der Gemeinschaft umzusetzen.

Ich bin zu der Überzeugung gelangt, daß es für diese Gruppe der Arbeiterinnen und Arbeiter notwendig ist, noch einmal im menschlichen Sinne Sprechen zu lernen. Das bedeutet, die Ausbildung der Sinne – Riechen, Fühlen, Schmecken, Sehen und Hören – im Unterricht als wichtigstes Ziel anzusehen.

Für fast alles, was ich bisher mit dieser Gruppe im Unterricht erarbeitet habe, fehlten die Voraussetzungen. Ich habe sie Texte lesen lassen, die sie nicht verstanden haben. Ich habe sie Berichte über ihre Erfahrungen machen lassen, obwohl sie in Wirklichkeit fast nichts erfahren hatten. Ich habe sie Bilder von Dingen malen lassen, die sie mit bewußten Augen nie gesehen hatten.

Nach der Erfahrung mit dieser Gruppe drängte sich mir die Frage auf:

„Wer von uns hat denn selbstbewußtes Lesen und Schreiben in der Schule gelernt? Und ist denn nicht das sinnentleerte Lesen und Schreiben eher die Regel als die Ausnahme, sowohl in der Schule für geistig Behinderte als auch an der Universität?“

XII. Die Rechtschreibgruppe

Die Arbeiterinnen und Arbeiter der Rechtschreibgruppe hatten den Wunsch, die Rechtschreibregeln zu lernen. Der Lerneifer dieser Gruppe übertraf alle meine Erfahrungen, die ich bisher als Lehrerin gemacht hatte. Das Unterrichtsprogramm wurde von den Teilnehmern weitgehend vorgegeben. Sie wollten z. B. wissen, welche Wörter groß- bzw. kleingeschrieben werden. Daher übten wir Haupt- und Tätigkeitswörter. Zu den Tätigkeitswörtern führten wir entsprechende Bewegungen aus, und die Hauptwörter wurden in Strichzeichnungen dargestellt. Zuerst bildeten wir Subjekt-Prädikat-Sätze, z. B.: Der Schüler schreibt. – Der Hase springt. – Der Schornstein raucht usw.

Die Hauptwörter wurden rot, die Tätigkeitswörter wurden blau unterstrichen. Die Arbeiterinnen und Arbeiter machten sich die Eigenschaftswörter bewußt, indem sie fragten: „Wie sieht der Gegenstand bzw. die Person aus?" Dazu wurden Bilder gemalt. Die anfänglichen Sätze wurden durch die Eigenschaftswörter erweitert, wie z. B.: Der gute Schüler schreibt. – Der schnelle Hase springt. – Der hohe Schornstein raucht usw.

Die Eigenschaftswörter wurden gelb unterstrichen.

Danach wurden die Beiwörter gelernt und die bereits bekannten Sätze wurden dann um die Beiwörter erweitert: Der gute Schüler schreibt sorgfältig. – Der hohe Schornstein raucht ununterbrochen. – Der schnelle Hase springt hoch usw.

Danach lernten sie die Umstandsbestimmungen von Ort und Zeit. Später lernten sie Regeln für die Verdoppelung und die Dehnung. Diese Übungen brachten Sicherheit in der Rechtschreibung und sie machten, gegen meine Erwartungen, den Teilnehmern Spaß.

Als einmal eine Gruppe von Pädagogen an dem Unterricht teilnahm, waren sie verwirrt, daß die Arbeiterinnen und Arbeiter so viel Freude und Konzentration bei einer so „langweiligen" Stunde zeigten. Die Kollegen waren darauf vorbereitet, daß sie eine Stunde, entsprechend den Prinzipien des handelnden Unterrichts erleben würden. Aber an diesem Tag wurde gerade der „S"-Laut erarbeitet. Die Verdoppelung „SS", das scharfe „ß" und das weiche „S". In drei vorgegebenen Spalten wurden von den Teilnehmern Wörter mit „SS" – „ß" oder „S", die ich diktierte, eingetragen. Die Verdoppelung wurde durch Aneinanderklatschen mit zwei Fäusten dargestellt. Das scharfe „ß" mit einer Ziehbewegung des rechten Armes und erhobenem Zeigefinger; das weiche „S" durch eine Ziehbewegung mit der rechten Faust. Eine Seminarleiterin meinte zum Schluß, daß sie sich sehr gut erklären könne, warum die Arbeiterinnen und Arbeiter so gut mitgemacht hätten: „Ich denke, so eine Unterrichtsstunde ist für sie nicht nur eine Rechtschreibstunde. Frau Manske macht mit ihnen genau das, woran sie in der Schule gescheitert sind. Sie wiederholt den Unterricht, den sie früher erlebt haben. Aber diesmal sind sie erfolgreich. Für sie ist es wichtig, nicht etwas ganz anderes zu machen, sondern ganz normalen Unterricht. Es werden Rechtschreibregeln erklärt und geübt. Das bedeutet, daß sie schmerzhafte Schulerfahrungen aufarbeiten können und daß sie Sicherheit bei der Rechtschreibung gewinnen. Es tut ihnen gut, daß sie sich an die Schule erinnern können und nun die Erfahrung machen, daß sie begreifen, was sie damals nicht begriffen haben."

Ich denke auch, daß die Seminarleiterin nicht ganz unrecht hatte, denn in dieser Gruppe war der Wunsch nach einem „normalen" Unterricht groß. Es kamen auch oft erleichterte Kommentare von ihnen, wie z. B.: „Warum begreif ich das jetzt mit dem „SS", dem „ß" und dem „S"? Warum nicht schon damals? Was ist bloß passiert?" Aus dieser Erfahrung hatte ich wieder einmal gelernt, daß das wichtigste Prinzip des Unterrichtens immer sein muß, die Bedürfnisse der Lernenden ernstzunehmen und von diesen auszugehen.

Ich habe mit der Gruppe ein Theaterstück erarbeitet. Elisabeth hatte den Vorschlag für das Stück: „Peter und der Wolf" gemacht, da sie es schon einmal aufgeführt gesehen hatte. Es hatte ihr gut gefallen. Sie übernahm die Regie und gab Tips, wie die Arbeiterinnen und Arbeiter die Rollen am besten spielen könnten. Das medizinische Personal der Werkstatt fertigte die Kostüme an, und die Kollegen aus dem Arbeits-Trainingsbereich stellten die Kulissen her. Das Theaterstück hatte am Tag der Weihnachtsfeier in der Werkstatt Premiere. Die Arbeiterinnen und Arbeiter führten das Stück mehrmals außerhalb der Werkstatt auf, wie z. B. vor Pädagogikstudenten in der Universität oder vor Kindern aus verschiedenen Kindergärten.

Als sie das Stück in der Universität aufführten, hatten sie Referate vorbereitet, die sie vor der Aufführung den Studenten vortrugen:

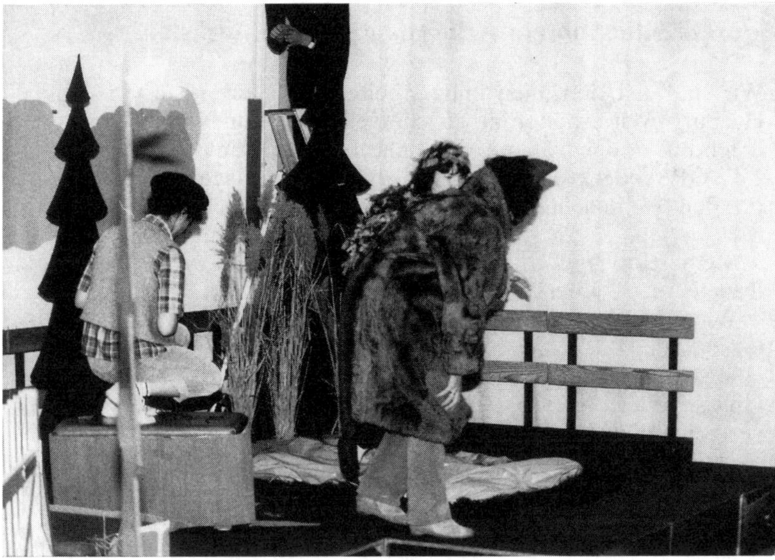

Unsere Situation am Arbeitsplatz in der Werkstatt

Wir sind Arbeiterinnen und Arbeiter der Elbwerkstätten GmbH Harburg. Wir arbeiten in verschiedenen Abteilungen.

Ich bin in der Näherei und nähe für das Krankenhaus Harburg z. B. OP-Abdecktücher, für Altersheime Unterlagen und Lätzchen, für den Weihnachtsbasar z. B. Kissen, Tischdecken, Eierwärmer usw.

Meine Kollegen arbeiten z. B. in der Küche, in der Wäscherei, Druckerei, Tischlerei und in der Abteilung Elektro-Metall.

Wir sind 7 Stunden in der Werkstatt und haben eine Stunde Mittagspause.

Unser durchschnittlicher Monatsverdienst liegt bei 200 DM. Unser Kollege, der im Trainingsbereich in der Tischlerei arbeitet, verdient 100 DM. Der Durchschnittsverdienst der gesamten Werkstatt liegt bei 212 DM monatlich pro Kollege. Wir haben keine Arbeitsverträge im Sinne des Arbeitsrechts. Wir können uns daher auch nicht gewerkschaftlich organisieren. Wir haben gewählte Interessenvertreter, die unsere Anliegen an die Geschäftsführung herantragen.

Wir wünschen uns langfristig eine gerechtere Entlohnung und für die Zukunft Arbeitsverträge.

Wenn Ihr Fragen zu unserer Arbeitssituation habt, geben wir gern nach dem Theaterspiel Auskunft.

Karin

Im Anschluß an die Aufführung fand eine lebhafte Diskussion statt. Die Arbeiterinnen und Arbeiter beantworteten die Fragen der Studenten und machten die Studenten auf die Probleme, die Behinderte in der Gesellschaft haben, aufmerksam. Außerdem stellten sie ihre Situation dar:

„Ich arbeite zum Beispiel in der Werkstatt, weil ich von einer Pockenimpfung behindert bin. Ich verdiene nur wenig Geld. Meine Mutter sagt, das ist nur ein Almosen, was ich kriege. So ungefähr 200 DM im Monat. Ich würde meiner Mutter gerne mehr Geld abgeben, aber was soll ich machen, ich verdiene nicht mehr. Das macht mich oft traurig."

Wichtigster Punkt war, daß sie die Studenten aufforderten, sich als spätere Lehrer mehr für die Schüler mit Behinderung einzusetzen, alles dafür zu tun, sie nicht aus der Regelschule auszusondern, sondern ihnen eine Chance zu geben, in der Schule erfolgreich zu sein.

Nach der Veranstaltung wurde ich von vielen Studenten darauf angesprochen, daß in dieser Gruppe doch wohl kaum Arbeiterinnen und Arbeiter mit geistiger Behinderung gewesen sein könnten. Als ich erklärte, daß einige, die in der Gruppe mitgespielt und mitdiskutiert hätten, als 100% geistig behindert eingestuft sind, konnten sie es nicht glauben.

Wie wir über den Begriff „Behinderung“ denken

Unsere Behinderung wird in Prozenten ausgedrückt. Einige von uns sind 100%, 80% oder auch nur 50% geistig behindert. Ich lehne das Wort „Behinderter“ ab. Es sagt nichts Bestimmtes aus. Es ist lediglich eine Abqualifizierung. Niemand kann sich eine behinderte Person vorstellen. Warum also das Wort? Was nützt es?

Wir können uns einen Menschen vorstellen, der blind ist, der taub ist, der querschnittsgelähmt ist usw.

Solche Begriffe ringen uns Achtung ab, weil wir wissen, wie schwierig es ist, das Leben zu bestehen, und wieviel die Menschen leisten können.

Ich habe den Begriff „Behinderter“ oft als Schimpfwort erlebt. Das tut einem weh.

Wir wollen akzeptiert und geachtet werden für das, was wir leisten, und das ist bestimmt nicht wenig.

Ich denke, daß wir uns erst als Menschen fühlen können, wenn wir nicht mehr ständig verletzt werden.

Wir sind außerdem der Meinung, daß sich viel in den Schulen ändern muß. Wir kommen immer mehr zu der Überzeugung, daß es keine schlechten Schüler gibt, sondern nur schlechten Unterricht. Lehrer müssen neue Wege in der Pädagogik finden, wo sie die Schüler nicht aussortieren, sondern ihnen helfen, zu lernen. Wir hoffen, daß die Lehrer große Fortschritte machen und die Kinder zu verstehen lernen und lernen, sie zu fördern.

Jetzt beginnen zum Beispiel in der Werkstatt Kollegen mit Lesenlernen, die schon dreißig Jahre alt sind.

Ich habe mir oft Gedanken zum Wort „Behinderter“ gemacht. In meiner Akte steht zum Beispiel, daß ich eine starke motorische Sprachstörung habe. Seit meinem Babyalter nehme ich sehr starke Medizin. Mein jetziger Arzt sagte mir, daß diese Tabletten mir jetzt mehr schaden als nützen, und daß sie sofort abgesetzt werden müssen.

Wir sind der Meinung, daß wir abgestempelt werden. Als Behinderter zu leben, das ist nicht leicht!

Carl

Abschließend ist zu sagen, daß der Lernfortschritt in dieser Gruppe m. E. am größten war. Die Selbstreflexion und die Analyse der gesellschaftlichen Situation und der eigenen Verantwortung, die Vorbereitung darauf, sich öffentlich darzustellen und persönliche Probleme auf den Begriff zu bringen, boten die besten Entwicklungsmöglichkeiten. Dazu kam der hohe pädagogische Wert des künstlerischen Ausdrucks, nämlich Musik in Pantomime umzusetzen. Entsprechend dem Gedanken „Das höchste Niveau ist für Menschen mit geistiger Behinderung gerade gut genug" konnten sie, angeregt durch die Musik von Prokofjev, ihren Ausdruck entwickeln.

Clara gilt als 100% geistig behindert. Eine theoretische Reflexion über die Bedeutung des Wolfs als Stellvertreter für die Gefahr vollzog sie während der Diskussion am Anfang über das Stück nicht. Aber sie versetzte sich, durch die Musik bewegt, deren Sprache sie verstand, so in die Rolle des Wolfes, wie ich es niemals gekonnt hätte. Während ich mir den Wolf mit heraushängender Zunge wild um sich blickend vorstellte, kam sie gebückt und in langsamen Schritten und bewegte nur ihre Augen, so daß wir alle beim Anschauen Angst bekamen.

Ich forderte die Arbeiterinnen und Arbeiter auf, sich ganz in die Musik hineinzufühlen, so tief, daß sie die Rollen nicht mehr spielen sondern in ihnen leben.

Sie versuchten alles, um sich in der Darstellung ihrer Rolle zu vervollkommnen. Stefan, der den Großvater spielte, sah sich z. B. um, wie alte Männer gehen, wie sie sich bücken, wie sie sitzen usw. Diejenigen, die die Tiere spielten, schauten den Vögeln, den Enten und den Katzen zu und versuchten, ihre Bewegungen nachzuahmen.

In der Rechtschreibgruppe verwirklichte ich die Idee des handelnden Unterrichts. Die Sinne wurden hervorgebracht und bewußt entäußert. Die begriffene Erfahrung wurde öffentlich gemacht. Die Arbeiterinnen und Arbeiter erlebten sich bewußt in ihrem Körper als Mitglieder in der Gruppe und als verantwortliche Menschen in der Gesellschaft. Diese Gruppe hat, was die Entwicklung des Selbstbewußtseins anbetrifft, die besten Chancen bekommen und wahrgenommen.

XIII. Das selbstbewußte Lernen

Die Lernenden werden im Unterricht über die sechs Stufen der Aneigung aufgeklärt. So entwickeln sie eine bewußte Beziehung zu ihrer Erkenntnistätigkeit und zu ihrem jeweiligen Erkenntnisstand. Sie beobachten ihre Beziehung zum Lerngegenstand und ihre den Lernweg begleitenden Emotionen und Gedanken. Gemeinsam werden die Ursachen für die Fehler gesucht und die Lernmethoden von den Lehrern immer wieder kontrolliert. Qualitative Sprünge auf dem Lernweg werden bewußt gemacht. Wenn sie Schwierigkeiten beim Lösen einer Aufgabe haben, lernen sie, auf die Stufe zurückzugehen, auf der sie erfolgreich sind. Von dieser Stufe wird die nächst höhere wieder aufgebaut. Als z. B. ein Arbeiter den Buchstaben „D" nicht benennen konnte, bat ich ihn, die Bewegung des Wassertropfens, auf dem Tisch, mit der Hand nachzuahmen. Als er die Handbewegung ausführte, fiel ihm die Bezeichnung für den Laut ein. Ich erklärte ihm: „Es ist kein Zufall, daß Dir der Laut ‚D' jetzt einfällt. Wenn Du die Handbewegung machst, hörst Du in Deiner Vorstellung das Geräusch, das der Wassertropfen verursacht, und jetzt verbindet sich Deine Vorstellung mit dem Laut, den Du gelernt hast. Du mußt lernen, Dir die Bilder in Deinem Kopf vorzustellen, wenn Du einen Buchstaben siehst; beim ‚F' den kaputten Fahrradschlauch, beim ‚S' die summende Fliege, beim ‚M' wie gut es schmeckt usw. Dann fällt Dir mit dieser Vorstellung der Laut ein. Wenn die Vorstellung nicht kommt, dann sieh auf die Bildkarte. Sei nicht untätig. Wenn das Bild nicht im Kopf ist, dann mußt Du es draußen suchen. Dort ist es. Und von draußen kommt es dann in Deinen Kopf. Wenn der Buchstabe in Deinem Kopf ist, wenn Du ihn Dir bei geschlossenen Augen vorstellen kannst, dann hast Du auf Deinem Lernweg einen Sprung gemacht."

Die Arbeiterinnen und Arbeiter lernen auf diese Weise, sich selbstbewußt im Unterricht wahrzunehmen und zu beobachten. Sie nehmen die Erklärungen für das Lernen in stufenweisen

Sprüngen mit großem Ernst auf. Sie versuchen, diese aktiv zu überprüfen.

Als Monika den Zehnerübergang begriffen hatte, sagte sie: „8 + 7 = 15. Jetzt ist die Aufgabe tatsächlich über meine Hände und Arme im Kopf angelangt. Ich kann's noch nicht fassen, aber 's ist so." Dabei strich sie sich mit der linken Hand über den rechten Arm bis zum Kopf.

Sich gegenseitig zu verstehen bedeutet aber auch, die nichtverbalen Äußerungen wahrnehmen zu lernen. Gestik und Mimik sagen oft mehr über Ängste, Freude, Trauer, Verzweiflung und Resignation aus als Worte, wenn sie gedeutet werden können. Die Arbeiterinnen und Arbeiter lernen, im Unterricht auf sich selbst und auf den anderen zu achten und sich gegenseitig zu helfen. Dazu sind Gedankenpausen notwendig. Wenn jemand einen Buchstaben oder ein Wort nicht lesen kann, ist es die Pflicht der anderen, ihm Zeit zu lassen. Wenn zum Beispiel ein Arbeiter das Wort „Rose" nicht lesen kann, wird ihm nicht das ganze Wort vorgesagt, sondern es wird in seine Bestandteile zerlegt, so daß er die einzelnen Schritte noch einmal Stufe für Stufe wiederholen kann:

„R" der Arbeiter erinnert den klingelnden Wecker; „O" er erinnert die Bildkarte, die das Erstaunen bildhaft darstellt. Dann werden die beiden Buchstaben zur Silbe RO zusammengeführt. Wenn er sich auf diese Weise das ganze Wort erkämpft hat, freut sich die ganze Gruppe mit ihm. Wenn er resigniert, helfen ihm die anderen so gut sie können: „Du brauchst keine Angst zu haben, hier kannst Du das lernen, hier lacht Dich niemand aus, guck den ersten Buchstaben in Ruhe an. Erst den ersten, weißt Du doch, dann erst den zweiten."

Solche Situationen werden von Arbeiterinnen und Arbeitern oft genutzt, um unbewältigte Erinnerungen aus der Schule oder aus dem Elternhaus zu verarbeiten: „Früher haben die immer gelacht, wenn ich gelesen habe. Die haben gesagt, die ist zu blöd. Meine Mutter glaubt nie, daß ich noch lesen lerne. Die sagt: ‚Warum lernst Du das mit 30? Dann hättest Du das schon längst lernen können.' Meine Eltern glauben auch nicht, daß ich den Sonderschulabschluß schaffen kann."

Wichtig für den Erfolg der Arbeit ist, daß die Arbeiterinnen und Arbeiter lernen, sich selbst gegenüber einen optimistischen Standpunkt einzunehmen. Sie lernen daher im Unterricht, daß es unterschiedliche Standpunkte in der Pädagogik gibt. Ich stelle ihnen zum Beispiel den theoretischen Hintergrund meiner Einstellung dar: „Früher dachten die Menschen, Dummheit und Klugheit seien angeboren. Heute wissen wir, daß Dummheit und Klugheit gelernt werden können. Du kannst lernen, Dich als dumm zu fühlen, und dann bist Du es eines Tages. Ebenso kannst Du lernen, dich klug zu fühlen und Du wirst dich entwickeln. Ich habe über ein beispielloses Experiment in der Sowjetunion gelesen. Taubblinde werden Lehrer. Stellt euch vor, die Menschen sind taub und blind. Sie hören nichts und sehen nichts. Aber sie haben das Lesen und das Schreiben gelernt. Das ist kein Wunder. Das ist die Umsetzung der Idee, daß jeder Mensch lernen kann. Dieses Experiment ist heute noch eine Ausnahme. Aber ich habe viel daraus gelernt." (35)

Die Arbeiterinnen und Arbeiter hören sich meinen Standpunkt an und sagen mir dann ihre Meinung:

„Im Grunde genommen ist das ja auch richtig. Wir können lernen, das sehen wir ja. Wer sagt uns denn, daß wir Achtung vor einem behinderten Menschen haben müssen, weil er es so viel schwerer im Leben hat und sehr viel mehr leisten muß? Sagen Sie es doch einmal den Leuten im Bus. Da heißt es dann: ‚Da kommen schon wieder die Behinderten!' Welche Lehrer kennen denn solche Experimente? Hat sich das denn schon herumgesprochen, daß alle lernen wollen und alle lernen können und daß es keine schlechten Schüler gibt und daß alle unterschiedlich lernen müssen?"

Die Gruppe kommt zu der Erkenntnis, daß wir damit beginnen müssen, uns selbst zu achten und jeden Menschen in seiner Einzigartigkeit anzuerkennen. Das Ziel unserer Bemühungen soll es sein, daß jeder von uns seine einmaligen Begabungen in sich erkennt und sich selbst von Tag zu Tag einen Schritt näher kommt.

Die Arbeiterinnen und Arbeiter lernten auch, den Ursachen ihres Scheiterns und ihrer Selbstverachtung auf den Grund zu gehen. Fragen werden gestellt, wie z. B.:

„Warum kann ich nicht lesen?" – „Warum glaube ich, daß ich bekloppt bin?" – „War es meine Schuld, war ich faul?" – „Wollte ich nicht lernen?" – „Hatte ich nur zu große Angst?" – „Warum kam ich auf die Schule für geistig Behinderte?" – „Warum sind meine Eltern nicht so stolz auf mich wie auf meinen gesunden Bruder?"

Wir diskutierten dann auch oft gemeinsam über den Sinn des Modellversuchs und die Verantwortung, die sie für diesen Modellversuch haben, daß sie ein Beispiel dafür sind, daß Menschen mit geistiger Behinderung lernen wollen und können. Ich erklärte ihnen: „Entscheidend sind nicht die großen Erfolge. Ein kleiner Schritt vorwärts ist ein Schritt vorwärts. Einige von euch werden das Lesen lernen, so daß sie Zeitungen und Bücher lesen können, einige werden nur die Großbuchstaben lernen, andere vielleicht nur einige Wörter. Aber jeder kleine Erfolg kann auf dem langen Weg ein großer Erfolg für Menschen mit Behinderung werden."

XIV. Die Asymmetrie der beiden Gehirnhälften

Am Beispiel des Erwerbs der Schriftsprache habe ich dargestellt, daß nur die Einheit von Erlebnissen und Bezeichnungen die Begriffe und Erfahrungen bildet. Das Zusammenwirken der Vorstellung des Erlebten und der Bezeichnung des Erlebten durch Symbole wird neurophysiologisch durch das Zusammenwirken beider Hemisphären bestätigt. Die Erforschung der unterschiedlich arbeitenden Gehirnhälften ist für die pädagogische Arbeit von Wichtigkeit:

Während die rechte Gehirnhälfte der Speicherung der Erlebnisse und des Körperselbstbildes dient, wird der linken Gehirnhälfte die Speicherung der Symbole der Sprache und des sprachlichen Weltbildes zugeschrieben. Natürlich besteht zwischen beiden Hemisphären eine ständige wechselseitige Bedingtheit, dennoch ist die funktionelle Asymmetrie beider Hemisphären unbestritten. Die Asymmetrie beider Hemisphären ist einerseits das Ergebnis der Menschheitsgeschichte, aber immer auch das Ergebnis der Geschichte des einzelnen Menschen.

Zahlreiche Untersuchungen, vor allen Dingen von Menschen, die an einer Hemispähre einen pathologischen Befund hatten, erbrachte folgende Asymmetrien der beiden Hemisphären:

linke Hemisphäre	**rechte Hemisphäre**
verbal	nichtverbal visuell-räumlich
sequentiell zeitlich digital	gleichzeitig räumlich analog
logisch analytisch	ganzheitlich synthetisch
rational	intuitiv
westliches Denken	östliches Denken (36)

Charakteristika der linken und rechten Gehirnhälfte

linke Gehirnhälfte	*Rechte Gehirnhälfte*
auditiv	visuell
kurzsichtig	weitsichtig
konvergierend	divergierend
analysierend	synthetisierend
abstrakt	konkret
rational	emotional
zeitlich	räumlich
digital	analog
objektiv	subjektiv
aktiv	passiv
angespannt	entspannt
parasympathisch	sympathisch
propositionell	appositionell
der Reihe nach – linear	Gestalt – simultan
mental	intuitiv
wissenschaftlich	künstlerisch
logisch	gefühlsmäßig
introvertiert	extrovertiert
neurotisch	psychotisch (37)

Wichtig ist dabei zu wissen, daß solche Einteilungen sehr vage sind. Sie dürfen auch nicht als statisch angesehen werden. Das Gehirn ist kein statisches, sondern ein dynamisches System. So können zerstörte Teile wieder regenerieren oder durch andere ersetzt werden. Die Übernahme von Fähigkeiten der einen Hemisphäre durch die andere ist nachgewiesen worden. Babys, bei denen eine Hemisphäre operativ entfernt werden mußte, waren weitgehend in der Lage, mit Hilfe der einen Hemisphäre die Fähigkeiten der fehlenden Hemisphäre zu entwickeln. Je älter die Kinder waren, desto schwieriger war es allerdings, den Verlust der Hemisphäre auszugleichen. (38)

Die Entwicklung der unterschiedlichen Tätigkeiten der beiden Hemisphären wird u. a. mit der unterschiedlichen Tätigkeit der beiden Hände, Beine, Gesichtshälften, Ohren, Augen usw. erklärt.

N. N. Bragina und T. A. Dobrochotowa stellen in ihrer Arbeit „Funktionelle Asymmetrien der Menschen“ zahlreiche Untersuchungen über die unterschiedliche Tätigkeit der beiden Körperhälften dar. (39)

Ich möchte mich auf die funktionellen Asymmetrien der Hände und ihrer möglichen Bedeutung für den Aufbau der Hemisphärentätigkeit beschränken: Von der rechten Hand ist bekannt, daß sie bei Rechtshändern der linken Hand motorisch überlegen ist. Sie führt Handlungen schneller und präziser aus. Von der linken Hand ist bei Rechtshändern bekannt, daß sie sensibler ist für Formen, Kälte und Schmerz. „Im Tastsinnkomplex der rechten Hand dominiert die kinästhetische, in dem der linken Hand die taktile Sensibilität. Bei Personen, bei denen die rechte Hand in kinästhetischer Hinsicht dominant ist, erweist sich die linke Hand im Hinblick auf die taktile Sensibilität als führend (Ananjew 1960, Lomow 1954). Die Schmerzsensibilität ist an der nichtdominanten linken Hand größer (Lonewa 1976)." (40)

Das heißt zusammengefaßt, daß die linke Hand in der Wahrnehmung, die rechte Hand im Handeln überlegen ist.

Wenn ich nun die unterschiedliche Tätigkeit des Wahrnehmens und des Handelns analysiere, komme ich zu wesentlichen Unterscheidungen, die im Zusammenhang mit der unterschiedlichen Tätigkeit beider Hemisphären gesehen werden können.

Für das Wahrnehmen bei Rechtshändern (linke Hand) sind folgende Merkmale charakteristisch:

- ganzheitlich
- intuitiv
- räumlich
- synthetisch
- widmet sich dem vergangenen Eindruck.

Diese Fähigkeiten entsprechen weitgehend der rechten Hemisphäre.

Für das Handeln bei Rechtshändern[1] (rechte Hand) sind folgende Merkmale charakteristisch:

- logisch
- rational
- zeitlich

[1] Die Fähigkeit der linken bzw. rechten Hemisphäre bei Rechtshändern entspricht nicht der Fähigkeit der rechten bzw. linken Hemisphäre bei Linkshändern. Dies wird u. a. damit erklärt, daß wir in einer Kultur leben, die die rechte Hand als dominante Hand anerkennt.

- analytisch
- ist in die Zukunft gerichtet
- antizipiert den nächsten Augenblick.

Diese Fähigkeiten entsprechen weitgehend der linken Hemisphäre.

Wenn die rechte Hand im Zusammenhang mit der linken Hemisphäre und die linke Hand mit der rechten Hemisphäre zu sehen ist, dann liegt der Gedanke nahe, diese wechselseitige Abhängigkeit für Förderprogramme nutzbar zu machen. Diese Erkenntnisse haben mich bewegt zu beobachten, wie Ausfälle der Sensorik oder Motorik sich möglicherweise in der Gedankentätigkeit äußern. Ich konnte z. B. feststellen, daß schon bei oberflächlicher Betrachtung Verhaltensweisen auffielen, die die Erkenntnisse der Asymmetrie bestätigen.

Einige Arbeiterinnen und Arbeiter lasen fließend Geschichten vor, aber sie verbanden damit keine Gefühle und Vorstellungen. Andere verstanden die Geschichten inhaltlich weniger, aber sie nahmen emotional wahr, ob die Geschichte traurig oder fröhlich war. Einige beherrschten mathematische Operationen problemlos, solange es sich um abstrakte Zahlen handelte. Bei einer Textaufgabe scheiterten sie. Andere wieder waren darauf angewiesen, daß sich die Aufgabe aus der Handlung ableitete, da sie mit abstrakten Zahlen überhaupt nicht umgehen konnten. Das ließ möglicherweise darauf schließen, daß die eine oder andere Hemisphäre beeinträchtigt war. Außerdem fiel mir auf, daß die Arbeiterinnen und Arbeiter Blockaden sowohl in der Motorik als auch in der Sensorik hatten.

Tina war in der Rechenanfängergruppe. Sie machte keine Fortschritte. Sie hatte das einerweise Abzählen lautsprachlich mit den Fingern mühsam gelernt. Mit den Augen konnte sie die Menge drei gerade noch erfassen. Vorstellen konnte sie sich gar keine Menge. Es war ihr nicht möglich, die Aufgabe $1 + 2 = 3$ im Kopf zu rechnen. Auffällig war auch, daß sie ihre linke Körperseite vernachlässigte. Sie benutzte den linken Arm und die linke Hand nur, wenn es unbedingt notwendig war. Im Kochunterricht knetete sie den Teig mit der rechten Hand, formte Frikadellen mit der rechten Hand. Im Sport fing sie den Ball mit der rechten Hand. Auf dem Arbeitsplatz mußte sie Klammern einsortieren. Sie benutzte ausschließlich die rechte Hand.

Die Untätigkeit der linken Körperhälfte könnte hemmend auf die Tätigkeit der rechten Gehirnhälfte wirken. Denkbar wäre auch, daß ein pathologischer Befund der rechten Hemisphäre ursächlich für die Vernachlässigung der linken Körperseite ist. Dies ist möglich, da bildhaftes Vorstellen und räumliches Denken, Entfernungen und Mengen abzuschätzen, bei Tina auffallend unausgebildet sind.

„Manche rechtshemisphärisch geschädigten Patienten haben Schwierigkeiten, Tiefen und Entfernungen zu schätzen oder sich im Geiste Landkarten und Figuren vorzustellen." (41) Da Tina im Rechenunterricht unter den bestehenden Bedingungen nicht gefördert wurde, boten wir ihr eine Kochgruppe an, um nicht bei ihren Schwächen anzusetzen, sondern bei ihren Fähigkeiten. Planvolles Handeln, abmessen, abwiegen und zeitliche Abfolgen machten ihr weniger Mühe. Dieses sind Fähigkeiten, die von der linken Hemisphäre weitgehend kontrolliert werden. Während des Handelns sollte Tina lernen, ihre linke Körperseite bewußt einzusetzen. Es wurde darauf geachtet, daß sie beide Hände, z.B. beim Kuchenteig kneten, Zwiebeln hacken, abspülen usw., benutzte. Außerdem hatte sie die Küchenkasse übernommen. Sie sammelte das Essengeld ein und zählte ab, ob die Kasse stimmte.

Es bleibt abzuwarten, ob sich durch die Bewußtwerdung ihrer linken Körperseite und durch den bewußten sinnvollen Umgang mit Mengen und Maßeinheiten ihre Vorstellungsfähigkeit verändert.

Karl machte als einziger in der Rechenanfängergruppe keinen Fortschritt im Zahlenraum von 10. Er rechnete mit den zehn Fingern folgende Aufgaben:

$$10 - 3 = 7$$
$$10 - 6 = 9$$
$$10 - 7 = 8$$
$$10 - 8 = 7$$
$$10 - 2 = 8$$
$$10 - 9 = 6$$

Während die anderen Arbeiterinnen und Arbeiter inzwischen das Abziehen, Ergänzen und Zusammenzählen im 10er Raum im Kopf rechneten, machte er immer wieder den Fehler, daß er bei einigen Abziehaufgaben 5 zuviel hatte. Daher bat ich ihn, mir zu zeigen, wie er z.B. bei der Aufgabe $10 - 8 = 7$ und nicht 2 herausbekam. Er legte die zehn Finger auf den Tisch und zählte mit den Augen an der rechten Hand die fünf Finger ab. Dann zählte er an der linken Hand weiter „sechs – sieben – acht“ und bog dabei den Daumen, den Zeigefinger und den Mittelfinger nacheinander um. Es blieben zwei Finger übrig. Aber da lag ja noch die rechte Hand auf dem Tisch, deren Finger er nur mit den Augen abgezogen, aber nicht umgebogen hatte.

Ich machte ihn auf das Problem aufmerksam, daß er beim Abziehen die Finger der beiden Hände unterschiedlich gebraucht: „Die Fünf der rechten Hand liest Du mit den Augen ab, die drei Finger der linken Hand hast Du umgebogen, als Du weitergezählt hast ‚sechs – sieben – acht‘. Versuch einmal, Dir auch das Abziehen der Finger der rechten Hand bewußt zu machen und biege sie um.“

Er tat dies und sah sofort, daß nur noch zwei Finger übrigblieben, wenn er von zehn Fingern acht Finger umbog.

Die Erklärung für sein falsches Rechnen mit den Fingern war, daß ihm offensichtlich dabei seine rechte Hand unbewußt blieb. Dadurch, daß er jetzt seine Aufmerksamkeit auf sie richtete, nahm er sie bewußt wahr. Zuerst durch das Umbiegen der Finger, dann mit den Augen. Nachdem er mehrmals die Aufgaben so gerechnet hatte, strahlte er: „Ich kann es jetzt.“ Er rechnete in der Tat keine Aufgabe mehr falsch und hatte den Anschluß an die Gruppe sofort geschafft, was wir mit Kaffee und Kuchen feierten.

Begreifen findet nicht durch üben statt, sondern geschieht in Bruchteilen von Sekunden, wenn die Handlung bewußt wird. Es ist denkbar, durch zielgerichtete sprachlich begleitete Handlungen, die bei Rechtshändern in der Regel mit der rechten Hand ausgeführt werden, in der linken Gehirnhälfte die Bildung von Begriffen zu unterstützen. Andererseits könnte eine ganzheitliche Förderung der Wahrnehmung den Aufbau der Vorstellungskraft der rechten Hemisphäre unterstützen. Nur das Zusammenwirken beider Hemisphären bringt den bewußten Menschen hervor. „Sagan zieht den Schluß, daß die bedeutendsten schöpferischen Errungenschaften einer Kultur – Gesetzeswerke und ethische Systeme, Kunst und Musik, Wissenschaft und Technologie – aus der Zusammenarbeit von linker und rechter Hemisphäre hervorgegangen sind.“ (42)

Es ist naheliegend, daß durch unser Erziehungssystem, der Herausbildung der linken Hemisphäre mehr Beachtung geschenkt wird, als der Herausbildung der rechten Hemisphäre, da die meisten Lerninhalte verbal, zielgerichtet, rational usw. sind und weniger ganzheitlich bildhaft intuitiv.

Auf diesen Sachverhalt weist Ariane Garlichs in ihrem Aufsatz „Chagall und seine Folgen“ hin. (43) Ein selbstbewußter Mensch lebt in der Einheit seiner Gefühle, seines Denkens und Handelns. Er ist ausgeglichen, in Balance.

Über den Zusammenhang von Hemisphärentätigkeit und zeitlichem Bewußtsein schreiben Bragina und Dobrochotowa: „Heute kann man mit hoher Sicherheit davon sprechen, daß die rechtshändige Mehrheit der Menschheit hinsichtlich ihrer räumlich-zeitlichen Organisation bestimmte gemeinsame Gesetzmäßigkeiten aufweist. Ihr Wesen besteht, wie aus einer Analyse der umfangreichen Untersuchungsbefunde hervorgeht, in einer Verknüpfung der rechten Hemisphäre (des rechtsseitigen Raumes der Menschen) mit der vergangenen Zeit und der linken Hemisphäre (des linksseitigen Raumes) mit der künftigen Zeit. In der individuellen räumlich-zeitlichen Organisation jedes Rechtshänders läßt sich diese Gesetzmäßigkeit in allgemeiner Form nachweisen. Doch der konkrete Inhalt der psychischen Symmetrien und Asymmetrien sowie ihr Aneignungsgrad sind vermutlich ebenso individuell bedingt, wie dies in bezug auf die Persönlichkeit offensichtlich ist.“ (44)

Es gibt Menschen, die sich gedanklich immer in der Vergangenheit aufhalten. Ihr Leben ist in erster Linie Nacherleben. Andere Menschen halten sich hingegen vor allen Dingen in der Zukunft auf. Sie träumen vom nächsten Urlaub, vom Rentenalter usw. Ein bewußter Mensch lebt nicht nur in der Einheit von Erfahrung und Begriff, sondern er lebt auch in der Gegenwart. Nur die Einheit der Reflexion des eben Wahrgenommenen und der Antizipation der zukünftigen Handlung macht den gegenwärtigen Augenblick bewußt.

Für die Arbeit mit den Arbeiterinnen und Arbeitern ist es notwendig, daß sie lernen, sich in jedem Augenblick zu fragen: „Was habe ich eben erlebt, was habe ich gehört, was habe ich gefühlt und was werde ich jetzt im nächsten Augenblick unternehmen?“

Der Mensch macht Geschichte, in dem Bewußtsein von seiner Vergangenheit und seiner Zukunft.

XV. Das einerweise Zählen im Rechenunterricht

Rechnen bedeutet, sich in Raum und Zeit zu orientieren, abzuschätzen und zu kontrollieren. Subjektiv kann für uns eine Stunde in Minuten vorbei sein und Minuten können uns stundenlang vorkommen, aber objektiv haben wir viele Vergleichsmöglichkeiten, selbst wenn wir keine Uhr haben.

Ich wuchs ohne Uhr auf. Meine Großmutter stand morgens auf, wenn beim Gutshof nebenan das Licht brannte, wenn die Vögel anfingen zu zwitschern, wenn der Bauer mit den Milchkannen vorbeifuhr. Tagesgeräusche, Lichtverhältnisse, Gewohnheiten, das Gefühl für Hunger teilten die Zeit ein und gaben mir eine Orientierung. Ich trage nie eine Uhr. Das Zeitgefühl lernte ich in der Kindheit. Ich wache pünktlich ohne Uhr auf, wenn ich mir abends vorstelle, wann ich aufwachen will.

Die Uhrzeit lernen bedeutet mehr, als die Uhr ablesen zu können. Es kommt nicht in erster Linie darauf an, daß die Arbeiterinnen und Arbeiter die Uhr lesen lernen. Sie müssen lernen, die Veränderungen des Tages in der Zeit bewußt wahrzunehmen. Das gilt auch für die Erforschung des Raumes. Es ist nicht wichtig, ob sie wissen, daß sie drei oder fünf Kilometer zur Arbeit fahren. Sie müssen lernen, den Raum wahrzunehmen.

Wir lebten auf einem Einödhof. Ich teilte mir meinen Schulweg selbst ein. Es gab keinen Kilometerstein und keinen Tacho am Fahrrad. Aber ich wußte, daß das Stück Chaussee etwa so lang war wie das Stück von Bauer Horn bis Bauer Böge. Ich lernte, wie lange es dauerte, wenn Opa mit dem Fahrrad zum Kaufmann fuhr und wie lange, wenn Oma zu Fuß ging. Oma nähte ohne Zentimetermaß. Hin und wieder nahm sie Daumen und Zeigefinger zur Hilfe. Ich lernte als kleines Kind Raum und Zeit in ein Verhältnis zu setzen, ohne Uhr und ohne Metermaß. Mit Mengen war das nicht anders. Ich wußte, wieviel Kaninchenfutter ich pflücken mußte, bis die fünfzig Kaninchen genug bekamen, wieviel Wasser ich in den Eimer pumpen durfte, so daß ich ihn noch tragen konnte, wieviel Kartoffeln Opa schälen mußte für die große Familie.

Rechnen heißt Verantwortung übernehmen lernen. Ralf sagte zu mir, als er begriff, daß 8 : 4 = 2: „Wenn 8 : 4 = 2 wäre, dann gäbe es keinen Hunger in der Welt." Rechnen lernt ein Kind nicht in der Schule, genausowenig wie das Sprechen. In der Schule lernt es die Symbole für die rechnerischen Operationen kennen.

Die Fähigkeit, in Raum, Zeit und Mengen verantwortungsbewußt denken und handeln zu können, bildet es täglich aus. Wir rechnen ständig, genauso wie wir ständig sprechen. Rechnenlernen heißt, in Raum und Zeit zu schätzen, zu kalkulieren, zu vergleichen. Wer dies nicht genügend geübt hat, dem hilft kein Rechenunterricht in der Schule. Das wäre so, als wenn ein Kind schreiben lernen sollte, obwohl es vorher keine Begriffe gelernt hat, mit denen es die Dinge der Umwelt bezeichnen kann.

Genauso wie den meisten Arbeiterinnen und Arbeiter viele Bedeutungen der Lautsprache fehlten und dies die Barriere für das Erlernen der Schriftsprache ist, waren für sie rechnerische Operationen fast nicht mit den Erfahrungen in der Umwelt verbunden. Der Rechenunterricht bedeutete für die meisten ein Training mit Zeichen, die in keiner Beziehung zur Lebenserfahrung stehen. Wenn wir im Modellversuch damit begannen diese Lebenserfahrung ansatzweise nachzuholen, reagierten einige zuerst mit Enttäuschung. Das, was wir ihnen als lebenspraktische Erfahrung anboten, wie z. B. abwiegen, abmessen, Entfernungen schätzen usw., hatte ihrer Meinung nach nichts mit Rechenunterricht zu tun.

Ich möchte beispielhaft darstellen, was die Arbeiterinnen und Arbeiter unter Rechnen verstanden. Karin sagte zu mir: „Ich kann rechnen." Ich fragte Rechenaufgaben im Zehnerraum ab, wie z. B.:

$$3 + \quad = 10$$
$$10 - \quad = 3$$
$$4 + 6 =$$
$$+ 6 = 10$$

Sie war von den Aufgaben irritiert, kam zu keinem richtigen Ergebnis und sagte: „Solche Aufgaben kann ich nicht. Ich kann nur die mit 100."

Ich ließ sie einen Turm aufschreiben, von dem sie dachte, daß sie ihn rechnen könnte. Karin schrieb:

100 − 36 =
100 − 78 =
100 − 43 =
100 − 19 =
100 − 25 =

Ich war davon überzeugt, daß sie nicht eine Aufgabe herausbekommen würde und wollte ihr deshalb eine Rechenmaschine geben. „Die brauche ich nicht. Das kann ich doch aus dem Kopf." Sie rechnete alle Aufgaben richtig.

Als ich sie fragte: „Wie rechnest Du das? Das ist alles richtig!" entgegnete sie, „Auf den Trick wären Sie wohl nie gekommen?" Ich antwortete: „Nein, verrate ihn mir." Karin erklärte: „100 − 36 mußt Du so rechnen: Sie zählte mit der rechten Hand an den Fingern ab 37 – 38 – 39 – 40. Dann muß man 4 hinschreiben, weil das 4 Finger sind."

Sie schrieb: 100 weniger 36 = 4. „Dann mußt Du von 40 weiterzählen. Du mußt sagen: 50 – 60 – 70 – 80 – 90 – 100. Das sind 6 Finger, darum mußt Du 6 hinschreiben. Sie schrieb: „100 − 36 = 64. Das kommt da raus. Das ist richtig. So hat unser Lehrer uns das gesagt. Immer weiterzählen und dann hinschreiben."

Ich sagte zu ihr: „Das Ergebnis ist richtig. Nun mußt Du noch wissen, was es bedeutet."

Hans hatte sich selbst einen Turm ins Heft geschrieben und begann zu rechnen:

640 : 5 = 128
645 : 5 = 129
650 : 5 = 130
655 : 5 = 131

Er fragte mich, ob das richtig ist. Ich wußte, daß er Teilaufgaben noch nicht rechnen konnte und sagte: „Du rechnest so schwierige Aufgaben?" „Ja, die kann ich, das ist nicht schwer." Ich fragte ihn: „Weißt Du auch was 10 : 5 ist?" Er sagte: „25". „Hat Dein Vater mit Dir diese schweren Aufgaben gemacht?" „Nein, hab' ich ganz allein gemacht." Ich war ratlos, weil ich keine Erklärung hatte und wendete mich an meine Kollegin: „Hans sagt, daß er die Aufgaben allein gerechnet hat. Ich frage mich aber, wie?"

Sie sagte: „Du hast einen Taschenrechner benutzt, oder?“ Hans antwortete: „Nein, ganz alleine ohne Taschenrechner.“

Ich nahm sein Heft in die Hand und blätterte zurück. Da sah ich, wie er es gemacht hatte. „Ach, so hast Du das gerechnet. Du hast ganz von vorne angefangen.“ Hans sagt: „So mußt Du das rechnen, wenn Du durteit rechnest. Wenn Du durteit, dann schreibst Du 5 durteit 5 ist 1. Dann mußt Du auf dieser Seite immer 5 dazuzählen und auf dieser Seite immer 1 dazuzählen.

10 durteit 5 ist 2
15 durteit 5 ist 3
20 durteit 5 ist 4

Dann mußt Du immer so weitermachen. Wenn Du Dich einmal verzählst, dann ist alles falsch. Das darf Dir nicht passieren.“

„Du hast es allein gerechnet. Ich sehe das jetzt. Du hast auch keine Fehler gemacht.“

Er lachte: „Siehst Du, und Du willst mir das nicht glauben.“ Nach einigen Minuten der Sprachlosigkeit fragte ich ihn: „Kannst Du Dich an eine Teilaufgabe erinnern? Ich meine eine kleine Geschichte, in der geteilt wird.“

Hans sagte ohne lange zu überlegen: „Kann ich: Ein Bauer hat zwei Rüben durteit 3.“

Ich sagte zu ihm: „Mal das doch einmal auf. Den Bauern, die Rüben und was er damit macht.“

Hans malte die Geschichte auf.

Dann sagte er: „Das ist der Bauer. Das sind die Rüben. Durteit die Leute. Die anderen Leute. – Geht ja nicht. Da fehlt eine Rübe. Ich habe nur zwei Rüben und da sind drei Leute."

Ich malte zwei Rüben auf, schnitt sie aus und gab sie ihm. Außerdem gab ich ihm auch noch eine Schere. Ich fragte ihn: „Was macht der Bauer jetzt mit den zwei Rüben?" Hans schnitt die Rüben in zwei Hälften. Jetzt hatte er vier halbe Rüben.

Er sagte: „Jeder kriegt eine halbe Rübe. Eine halbe Rübe bleibt übrig, die nimmt der Bauer."

Hans bewies damit, daß er von dieser Aufgabe eine Vorstellung hatte. Er schrieb in sein Heft:

Plötzlich sagte er: „Durteit mit zwei Hälften, das ist ganz was anderes. Aber durteit fünf kann ich auch." Hans schrieb türmeweise Rechenaufgaben in seine Hefte, aber die objektive Bedeutung der Rechenoperationen hatte er nicht begriffen. Rechnen ergab für ihn den Sinn, daß er ein Rechenheft besaß, in das er Zahlen und Türme hineinschrieb. Es machte ihm offensichtlich Freude, daß er Lösungswege kannte, hinterher gelobt wurde und sich selbst bestätigte: „Da siehst Du, daß ich gut rechnen kann."

Diese Beispiele sind charakteristisch dafür, wie die meisten Arbeiterinnen und Arbeiter der Werkstatt rechneten. Abziehen bedeutete auch für die Fortgeschrittenen an den Fingern einerweise rückwärtszählen, zusammenziehen hieß an den Fingern einerweise vorwärtszählen, malnehmen hieß mit den Fingern einerweise Bündel addieren, und teilen konnte fast niemand: Die Rechenaufgabe 18 : 6 = wurde von denjenigen, die es „gelernt" hatten, so gerechnet:

Wie oft ist die 6 in der 18. Dann begann das einerweise Zählen an den Fingern. Eins – zwei – drei – vier – fünf – sechs (einmal), sieben – acht – neun – zehn – elf – zwölf – (zweimal), dreizehn – vierzehn – fünfzehn – sechszehn – siebzehn – achtzehn (dreimal).

Die 6 ist in der 18 dreimal, 18 : 6 = 3.

Fast alle Arbeiterinnen und Arbeiter waren auf der Stufe des einerweisen Zählens mit den Fingern stehengeblieben. Einige hatten auf diese Weise die vier Grundrechenarten „gelernt". Sie „rechneten" im Zahlenraum von 100, obwohl sie mit den Mengen und mit den Handlungen keine Vorstellung verbanden.

Leontjew versuchte dieses Phänomen zu begreifen und führte in einer Sonderschule folgendes Experiment durch:

„Wie ich vorher festgestellt hatte, benutzten die Schüler heimlich ihre Finger, um im Kopf zu addieren. Deshalb ließ ich einen Stapel von Untertassen holen und jedem Kind zwei davon geben. Wurde ein Schüler aufgerufen, dann mußte er mit jeder Hand eine Untertasse hochhalten. Die meisten Jungen und Mädchen konnten daraufhin nicht mehr richtig addieren. Wie eine eingehende Analyse zeigte, waren diese Schüler beim Addieren nicht über das Stadium des einerweisen Zählens hinausgekommen. Deshalb vermochten sie schon innerhalb des ersten Zehners einige Rechenoperationen nicht ohne äußere Hilfsmittel zu vollziehen. Diese Kinder im mündlichen Rechnen weiterzuführen, wäre zwecklos gewesen. Im Gegenteil: Man mußte mit ihnen auf die Etappe der entfalteten äußeren Handlungen mit Gegenständen zurückkehren, diese Operationen allmählich richtig ‚zusammendrängen' und erst dann auf der sprachlichen Ebene weiterarbeiten. Auf diese Weise wäre mit ihnen die Fähigkeit, gedanklich zu rechnen, neu aufzubauen gewesen.

Eine solche Umgestaltung gelingt sogar bei Kindern, die geistig sehr stark zurückgeblieben sind. In leichteren Fällen läßt sich das Zurückbleiben völlig überwinden.

Solche Eingriffe in den Entstehungsprozeß geistiger Operationen müssen selbstverständlich rechtzeitig erfolgen; der Prozeß läuft nicht mehr normal, sobald eine Etappe übersprungen oder falsch durchlaufen wurde. Es entsteht dann der Eindruck eines geistigen Defektes.

Von diesen Überlegungen sollte man sich auch leiten lassen, wenn man das Problem lösen will, mit welchen Methoden die intellektuelle Entwicklung des Kindes zu untersuchen ist. Die Begabungstests, mit denen lediglich festgestellt wird, welche Aufgaben die Versuchsperson lösen kann und welche nicht, und die nichts über die Besonderheiten der psychischen Prozesse aussagen können, sind nicht dazu geeignet, die geistigen Möglichkeiten eines Kindes einzuschätzen. Sie versagen vor allem bei Jungen und Mädchen, die in ihrer geistigen Entwicklung ein wenig zurückgeblieben sind." (45)

Die drei Stufen
- handelnde Tätigkeit,
- lautsprachliches Rechnen,
- gedankliches Arbeiten

sollten, wie ich es beispielhaft am Erwerb der Schriftsprache dargestellt habe, auch für den Rechenunterricht entsprechend den Stufen von Galperin durch die Motivation, die Orientierung und die Materialisation erweitert werden. Eine Analyse der Rechenfähigkeit der Arbeiterinnen und Arbeiter der Werkstatt ergab folgendes Ergebnis:

Von den 290 befragten Arbeiterinnen und Arbeitern konnten 90 nicht bis 20 zählen. Eine Vorstellung von den Rechenoperationen hatte m. E. niemand. Das bedeutete, daß der herkömmliche Rechenunterricht bei den Arbeiterinnen und Arbeitern gescheitert war. Dieses Scheitern erklärt Leontjew so:

„Man kann zwar Assoziationen wie ‚*drei plus vier ist sieben*‘ oder ‚*fünf minus zwei ist drei*‘ bilden; damit werden aber die entsprechenden Operationen und der Zahlenbegriff noch nicht beherrscht. Der Rechenunterricht beginnt daher nicht mit der Bildung solcher Assoziationen, sondern lehrt die Kinder, die entsprechenden Operationen aktiv mit Gegenständen zu vollziehen, deren Lage sie verändern und die sie zählen. Allmählich werden diese äußeren Handlungen in sprachliche Operationen umgewandelt (‚lautes Rechnen‘) und verkürzt. Sie nehmen schließlich den Charakter innerer Operationen an (gedankliches Rechnen), die automatisch in Form einfacher assoziativer Akte ablaufen. Hinter ihnen verbergen sich jedoch die mannigfaltigen Handlungen mit Gegenständen, die wir beim Kinde aufgebaut haben und die jederzeit wieder entfaltet und exteriorisiert werden können.

Sollen sich die Jungen und Mädchen demnach Begriffe, Verallgemeinerungen und Kenntnisse aneigenen, dann müssen sich bei ihnen adäquate geistige Operationen bilden. Diese gilt es aktiv aufzubauen. Sie entstehen zunächst in Form äußerer Handlungen, zu denen der Erwachsene das Kind veranlaßt, und gestalten sich erst allmählich in innere, intellektuelle Operationen um.“ (46)

Für den Rechenunterricht habe ich in erster Linie das Rechenmaterial eingesetzt, das mir zur Verfügung stand, wie z. B. Steckbrettchen, Rechenmaschine, Waage usw. Obwohl der Rechenunterricht nur ansatzweise dem stufenweisen Aufbau entsprach, machten die Arbeiterinnen und Arbeiter dennoch Fortschritte.

XVI. Barbara lernt Kopfrechnen

Da Barbara einmal in der Woche aus einer anderen Werkstatt in den Unterricht kam, war sie in keiner Gruppe integriert und wurde nebenbei unterrichtet. Sie wollte unbedingt rechnen lernen wie ihre Freundin Ulrike.

Barbara hatte in der Schule lautes, einerweises Zählen gelernt. Sie hatte kein Bewußtsein von der Gleichung und konnte weder abziehen noch ergänzen. Damit sie eine Vorstellung vom Zahlenraum bis 10 bekam, übte sie verschiedene Rechenoperationen mit einem Rechensteckbrett auf folgende Weise:

$$3 + ? = 10$$

Sie lernte drei blaue Klötzchen in das Steckbrett zu stecken. In das andere Steckbrett steckte sie zehn blaue Klötzchen. Jetzt mußte sie überlegen, wieviel Klötzchen noch im linken Steckbrett fehlten, damit in jedem Steckbrett gleich zehn waren. Zuerst zählte sie immer die leeren Mulden ab. Dann steckte sie die fehlenden Klötzchen hinein, wobei sie einerweise laut mitzählte. Die Klötzchen, mit denen sie ergänzte, hatten die Farbe gelb. Wenn sie die Aufgabe handelnd gelöst hatte, schrieb sie sie in ihr Heft:

$$3 + 7 = 10$$

Die Aufgabe $10 - 5 = ?$ rechnete sie nicht als Gleichung mit zwei Steckbrettchen. Das verwirrte sie.

Sie übte mit einem Brett. Sie nahm von den zehn Klötzchen fünf weg und zählte dann die übriggebliebenen.

Die Additionsaufgaben, wie z. B. $3 + 4 = ?$ rechnete sie wiederum mit zwei Steckbrettchen. In das eine Brettchen steckte sie drei blaue und vier gelbe Klötzchen.

Sie zählte sie zusammen und steckte dann in das zweite Steckbrettchen sieben Klötzchen. Zwischen den Brettchen lag das Gleichheitszeichen, das sie sich auf diese Weise bewußt machte. Sie sprach zur Handlung: „Drei Klötzchen und vier Klötzchen ist gleich sieben Klötzchen.“ Nachdem sie mit dem Ergänzen, Abziehen und Addieren genügend handelnde Erfahrung gemacht hatte, gab ich ihr Türme zu rechnen auf, in denen alle drei Operationen abwechselten, wie z.B.:

$$3 + ? = 10$$
$$3 + 7 = ?$$
$$10 - 7 = ?$$
$$? + 7 = 10$$

Von besonderer Förderung im Rechnen konnte bei Barbara keine Rede sein. Da ich meistens die anderen Gruppen unterrichtete, saß sie fast ein Jahr lang einmal wöchentlich allein mit ihrem Steckbrettchen in der Klasse und übte.

Ich konnte keine Langeweile in ihrem Gesicht erkennen. Sie freute sich über jeden richtigen Turm.

Als eine Kollegin Eierkartons in den Unterricht mitbrachte, variierte ich die Aufgaben für sie. Ich sagte zu ihr: „In diesen Karton passen zehn Eier hinein, wie bei dem Steckbrettchen zehn Klötze. Ich lege jetzt zehn Plättchen in den Eierkarton. Jetzt nehme ich fünf heraus.“

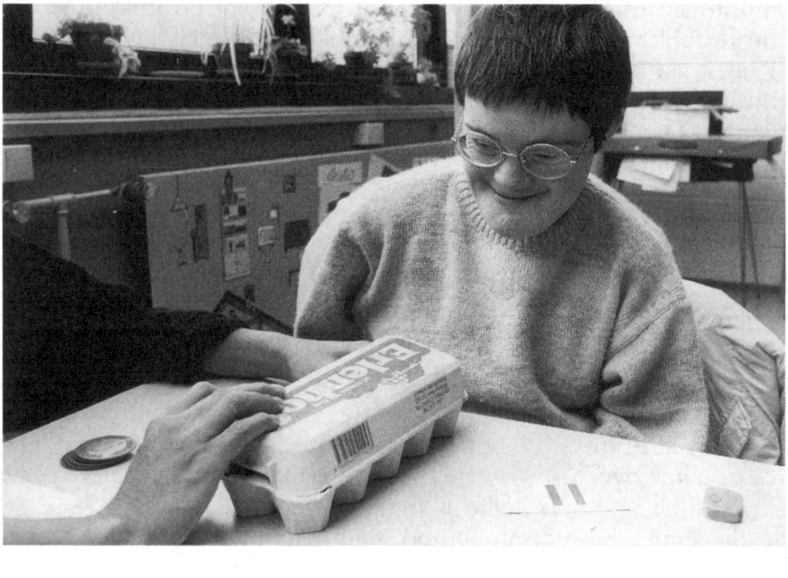

Ich schloß die Schachtel und fragte sie: „Wieviel sind in der Schachtel geblieben?“

Barbara überlegte und sagte: „5“.

Als sie die Kontrolle machte, stellte sie fest, daß sie richtig gerechnet hatte.

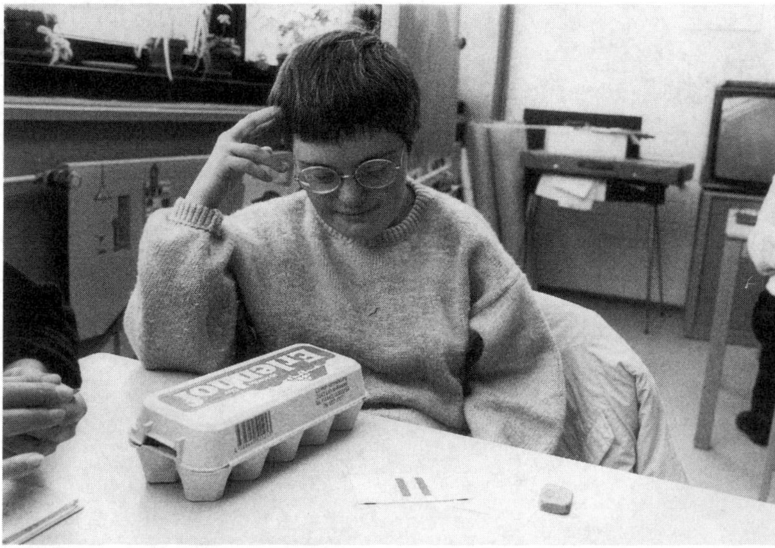

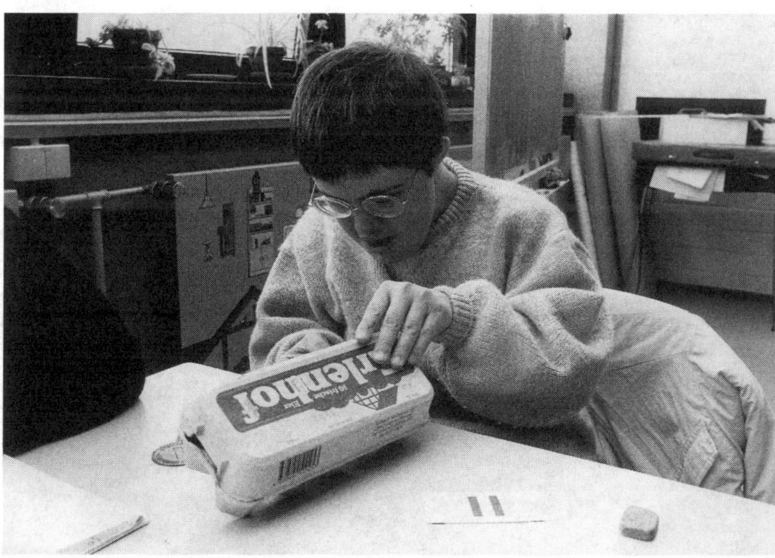

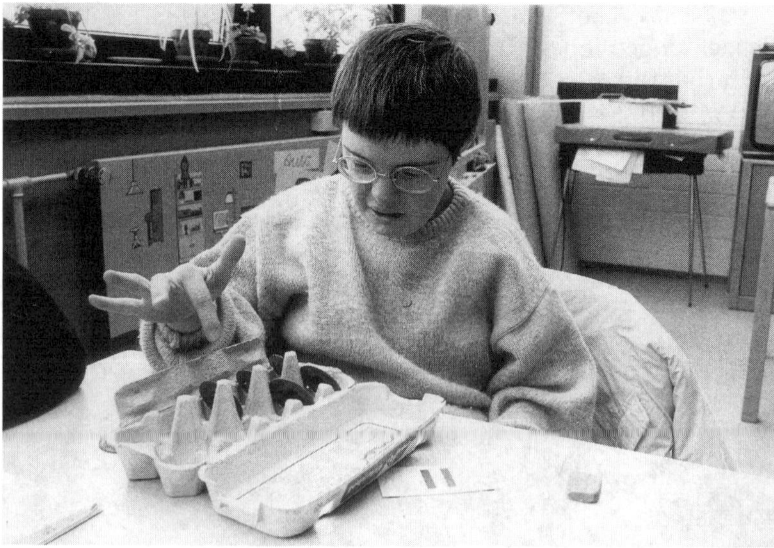

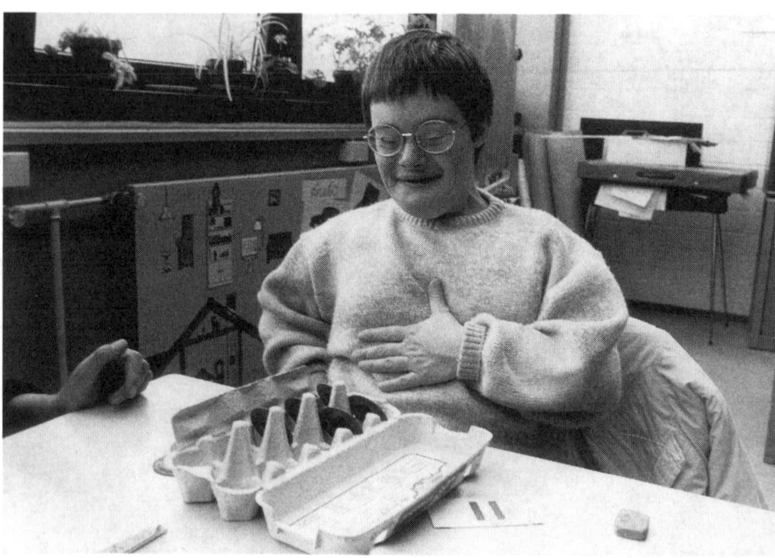

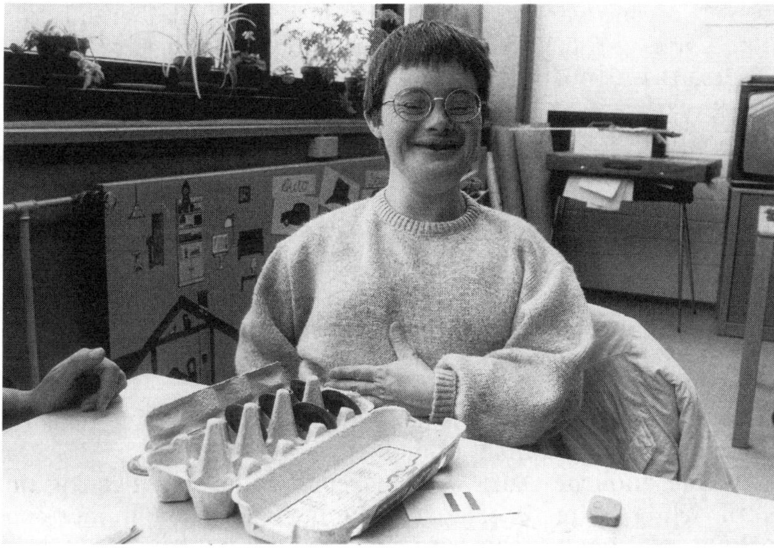

Barbara hat richtig gerechnet

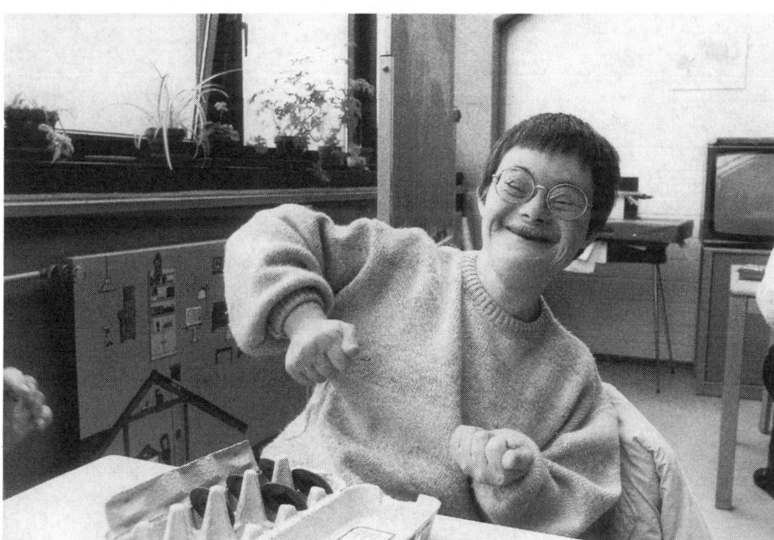

Diese Aufgabe war eine Zwischenstufe zur nächsthöheren Lernstufe, von der handelnden Ebene zur gedanklichen Ebene. Einerseits war noch der Bezug zur Anschauung aufrechterhalten, andererseits mußte sie die Lösung im Kopf erarbeiten. Ihr Blick ging von den fünf Plättchen, die ich auf den Tisch gelegt hatte, über die äußere Gestalt des Eierkartons. Sie überlegte. – Dann sagte sie endlich: „Fünf".

Vorsichtig öffnete sie die Schachtel. Sie zählte laut einerweise mit den Fingern die Plättchen ab.

Sie hatte die Aufgabe im Kopf gerechnet.

Es stellte sich heraus, daß sie alle Aufgaben, die sie vorher mit den Klötzchen handelnd geübt hatte, inzwischen im Kopf rechnen konnte.

Als ich sie fragte: „Wie machst Du das?", sagte sie: „Das ist dummerweise auf einmal in meinem Kopf drin."

Als sie ähnliche Aufgaben im Zahlenraum von zwanzig im Kopf richtig rechnete, sagte sie zu mir: „Ich nehme immer den Zehner mit, wenn ich mit zwanzig rechnen soll."

Nach vierzehn Tagen rechnete sie die Aufgaben im Kopf, ohne Hilfsmittel.

Barbara rechnet im Kopf

Das Üben mit Maßeinheiten, wie z.B. abwiegen, abmessen, einkaufen, vergleichen, abschätzen usw., hatte für sie mit Rechnen nichts zu tun.

Immer wieder machte ich die Erfahrung, daß ich in der Unterrichtspraxis meinem theoretischen Anspruch nicht genügte. Das bedeutet aber nicht für mich, ihn aufzugeben, sondern nach einer Möglichkeit zu suchen, ihn so zu verwirklichen, daß er für die Lernenden einsichtig wird und ihren Erwartungen nicht entgegengesetzt ist. Barbara war ein Beispiel dafür, wie wenig wir als Lehrer manchmal anbieten und wieviel dies für den Lernenden bedeutet. So können ein paar Eierkartons und ein paar Tischtennisbälle, die die Eier symbolisieren, zum Griff nach den Sternen werden, wenn eine Handlung bewußt wird.

XVII. Carlos – Qualität oder Quantität

(Hannelore Niederbracht)

Carlos ist 25 Jahre alt, portugiesischer Nationalität, besuchte, als er in die Bundesrepublik kam, für ein halbes Jahr die Regelschule, anschließend für knapp zwei Jahre die Schule für Lernbehinderte; dann wurde er auf die Schule für Geistigbehinderte überwiesen. Er arbeitet seit sieben Jahren in der Werkstatt, davon 6 Jahre in der Wäscherei, die innerhalb der Werkstatt einen anspruchsvollen Arbeitsbereich darstellt.

Carlos hat sich für den Anfänger-Rechenkurs angemeldet. Drei Teilnehmer sind in diesem Kurs. Alle möchten rechnen lernen, „Denn", sagt Peter, „da habe ich noch etwas Schwierigkeiten". Carlos möchte gern schwierige Aufgaben rechnen.

Wir beginnen mit Aufgaben, die deutlich machen sollen, daß jede Rechenaufgabe eine Gleichung ist.

1. Stufe: Gegenständliche Handlung

Roswitha hat drei Rechenknöpfe. Peter hat vier. „Haben beide gleich?" „Nein." „Was müssen wir tun, damit beide gleichviel haben?" „Roswitha bekommt einen dazu." „Haben jetzt beide gleich?" „Ja." „Jetzt können wir dieses Zeichen zwischen Roswitha und Peter legen (=)." Wir legen das Gleichheitszeichen zwischen Roswitha und Peter. Wir legen ein Mädchen- und ein Jungensymbol für Roswitha und Peter auf den Tisch und wiederholen die Aufgabe.

2. Stufe: Materialisierte Handlung

Die Kursteilnehmer übertragen die Rechenklötze zeichnerisch in ihr Heft und schreiben die Aufgabe dazu:

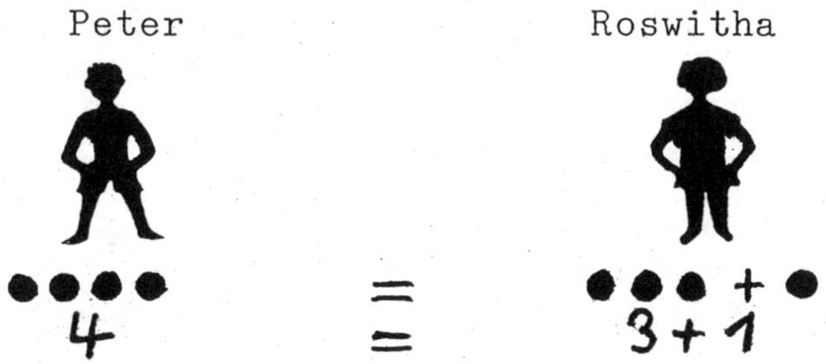

Carlos beteiligt sich zunächst zurückhaltend. Als das Jungen- und das Mädchensymbol auf den Tisch gelegt wird, ist es um seine Fassung geschehen und er will sich totlachen, wie er sagt. „Das ist Kinderkram“, sagt er, „das will ich nicht rechnen.“ Ich erkläre ihm, daß man nur das rechnen kann, was man sich vorstellen kann. Um sich Rechenaufgaben vorstellen zu können, muß man zunächst mit Gegenständen handeln, sonst bleibt der Kopf leer. „Das kann ich mir vorstellen“ sagt Carlos. Aber er möchte auf keinen Fall mit Rechenklötzen rechnen und möchte auch nicht dasselbe wie die anderen machen. Wir schauen gemeinsam unser didaktisches Material durch und Carlos entscheidet sich für das Rechnen mit Geld. Er hat keine sachgemäße Vorstellung von Rechenoperationen und der Bedeutung der Rechensymbole. Er weiß, daß das Zeichen + „und“, das Zeichen − „weniger“ und das Zeichen = „ist“ genannt wird. Die Bedeutung dieser Zeichen ist ihm fremd geblieben. Er hat Rechenaufgaben bisher auswendig gelernt und verfügt über viel Geschick, beim Rechnen einer Aufgabe die Reaktionen des Lehrers zu nutzen, um zu einer „Lösung“ zu kommen. Nach Leontjew hat Carlos Assoziationen gebildet. Er hat sich eine „Hilfsstrategie“ aufgebaut, mit der er Aufgaben löst. Für ihn bedeuten zwei Zahlen, daß er sie zusammen- oder abziehen muß, z.B.: 4 + 2 = [?]

Bei dieser Aufgabe zählt Carlos einerweise weiter und kommt zu dem Ergebnis 6. Die dritte Zahl ist das Ergebnis.

Bei der Aufgabe 4 + [?] = 6 verfährt er ebenso;
seine Lösung 4 + [10] = 6.

Er wendet sein Lösungsmuster konsequent an. Es hat allerdings nichts mit der Lösung einer Rechenoperation gemein. Carlos muß erfahren, daß jede Rechenaufgabe eine konkrete Handlung symbolisiert. Er muß eine Vorstellung von den konkreten Handlungen, die den Rechenoperationen zugrunde liegen, aufbauen. Wir beginnen mit der Funktion des Gleichheitszeichens.

1. Stufe: Gegenständliche Handlung

Ich zeichne zwei Kreise an die Magnettafel. Ein Kreis gehört zu mir, ein Kreis zu Carlos. Wir heften DM-Stücke in die Kreise. Carlos heftet immer dann das Gleichheitszeichen zwischen die Kreise, wenn sich in beiden Kreisen gleich viele DM-Stücke befinden. Wir entwickeln eine Gebärde für das Gleichheitszeichen: zwei gestreckte Hände in gleicher Höhe. Wir heften die Gleichung unter die Kreise: 5 = 5. Wir sprechen die Gleichung und machen die Gebärde dazu.

2. Stufe: Materialisierte Handlung

Carlos zeichnet die Kreise mit den DM-Stücken und dem Gleichheitszeichen in sein Heft. Dazu spricht er z. B.: „Fünf ist gleich fünf." Darunter schreibt er die Gleichung: 5 = 5. Alles, was er tut, begleitet er lautsprachlich. Ich erkläre ihm, daß es wichtig ist, daß er bei allem, was er tut, laut spricht, denn nur so kann ihm das, was er tut, bewußt werden. Bewußtes Handeln und bewußtes Sprechen ist die Voraussetzung Rechnen zu begreifen. Das leuchtet Carlos ein.

Das Addieren erarbeiten wir nach den gleichen Prinzipien. Ich zeichne zwei Kreise auf die Tafel, in denen sich unterschiedlich viele DM-Stücke befinden. Es sollen in beiden Kreisen gleichviele DM-Stücke sein, damit wir das Gleichheitszeichen dazwischen setzen können. Carlos ergänzt die fehlenden DM-Stücke. Er ordnet die DM-Stücke in Türme, um sie vergleichen zu können.

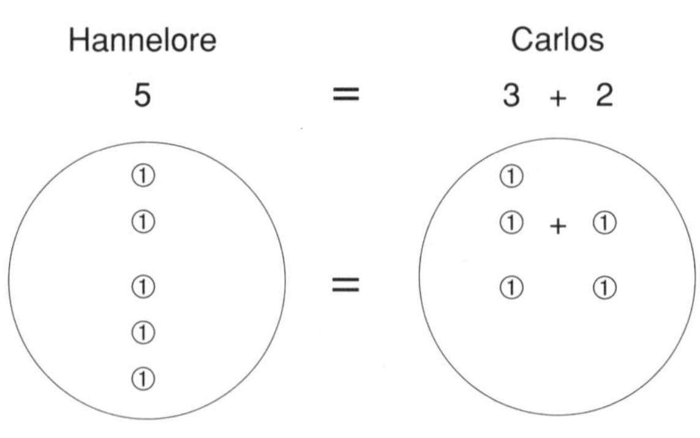

Carlos stellt fest, daß in seinem Kreis zwei DM-Stücke weniger sind als in meinem. Er fügt zwei DM-Stücke hinzu. Er heftet das Pluszeichen zwischen die 3-DM- und die 2-DM-Gruppe und das Gleichheitszeichen zwischen die Kreise. Wir haben eine Gebärde für das Pluszeichen entwickelt: Eine Hand fügt etwas hinzu. Wir entwickeln die Gleichung: Zunächst heftet Carlos die Zahlen über die DM-Gruppen. Carlos überlegt, wo das Plus- und das Gleichheitszeichen hingehören: „Ist gleich muß hier hin", sagt er, „beide Seiten gleich", und heftet das Gleichheitszeichen zwischen die Kreise. „Und dazu", er macht die Gebärde, „muß hierhin." Er heftet das Pluszeichen zwischen die 3-DM-Gruppe und die 2-DM-Gruppe. Dann zeichnet er die Handlung und die Gleichung in sein Heft, wobei er laut vor sich hinspricht.

5 = 3 + 2

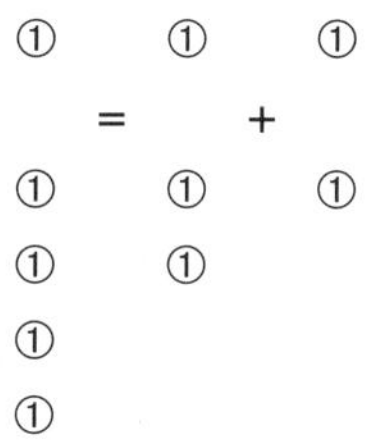

Nachdem Carlos ein Bewußtsein dafür entwickelt hat, daß jede Rechenaufgabe eine Gleichung ist und daß auf jeder Seite des Gleichheitszeichens immer gleichviel sein muß, rechnet er selbständig Aufgaben. Er rechnet jetzt mit Pfennigen nach den oben beschriebenen Prinzipien. Vor ihm liegen ein Zeichenblock mit den 2 Kreisen und dem Gleichheitszeichen dazwischen und ein Haufen Pfennige.

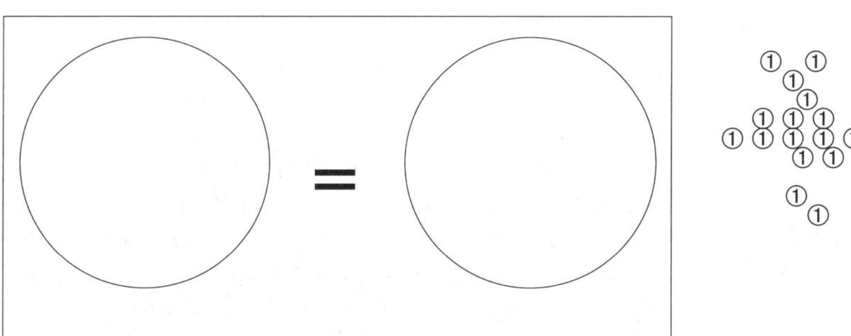

Ich lege in den einen Kreis sieben und in den anderen fünf Pfennige. Carlos Aufgabe ist es, selbständig die Gleichung herzustellen, indem er die fehlenden Pfennige, das Plus- und das Gleichheitszeichen ergänzt; dann schreibt er die dazugehörige Gleichung darunter und zeichnet die Aufgabe in sein Heft. Das Ergebnis sieht so aus:

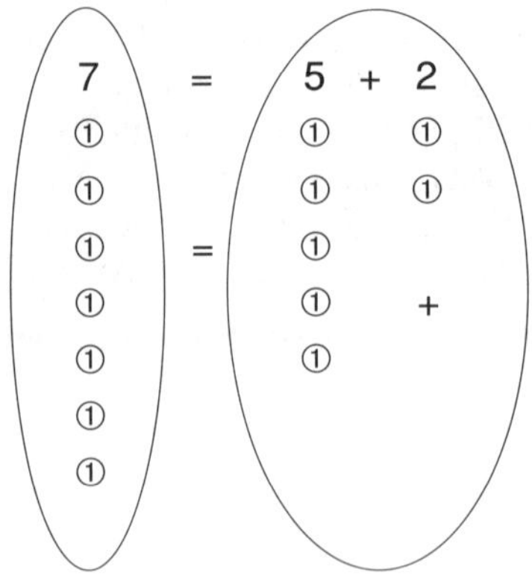

Während des Arbeitens spricht Carlos vor sich hin: „7, 5 ... Das ist nicht gleich. Das ist nicht gleich. ... Und zwei dazu ... sieben ... hier haben wir auch sieben ... Das ist sehr gut ... Und zwei dazu ... und dazu, das muß hierhin. ... Ist gleich, ist gleich ... das muß hierhin ... Sehr schön. ... Jetzt aufschreiben ... Sieben ist gleich sieben ... Nein, nicht so. Die sieben weg ... fünf und dazu 2 ... Ja, das ist richtig. Carlos knobelt an jeder Aufgabe. Er kann sein Handeln selbst überprüfen und führt es nicht mechanisch aus. Es ist nicht nur der methodische Aufbau entscheidend für den Erfolg, sondern das Bewußtwerden der Handlung. Dazu trägt bewußte lautsprachliche Begleitung entscheidend bei.

Ich achte darauf, daß ich abwechselnd in den linken und den rechten Kreis mehr Pfennige lege, damit Carlos ständig seine Handlung durchdenken muß und kein mechanisches Muster aufbaut (z. B. linke Seite +). Durch die lautsprachliche Begleitung macht Carlos sich ständig klar, was er tut.

Carlos möchte andere Aufgaben rechen, Minus-Aufgaben. Wir beginnen wieder mit der konkreten Handlung. Carlos erfährt, daß man auch eine Gleichung herstellen kann, indem man aus einem Kreis die überzähligen Pfennige entfernt. Er eignet sich dieses Prinzip handelnd an. Dann soll die Handlung aufgezeichnet werden. Ich mache Carlos folgenden Vorschlag:

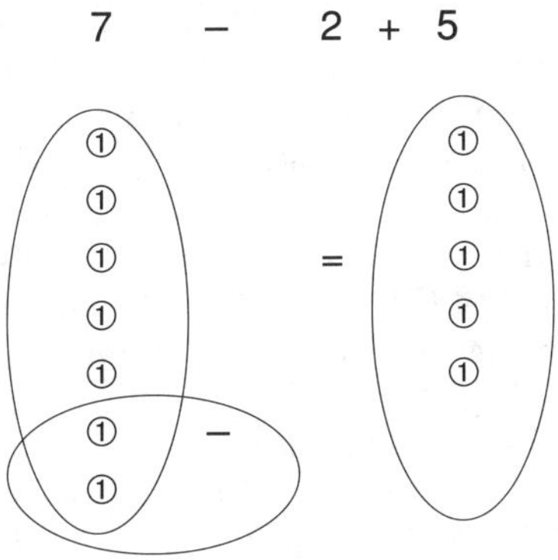

Carlos findet eine bessere Lösung:

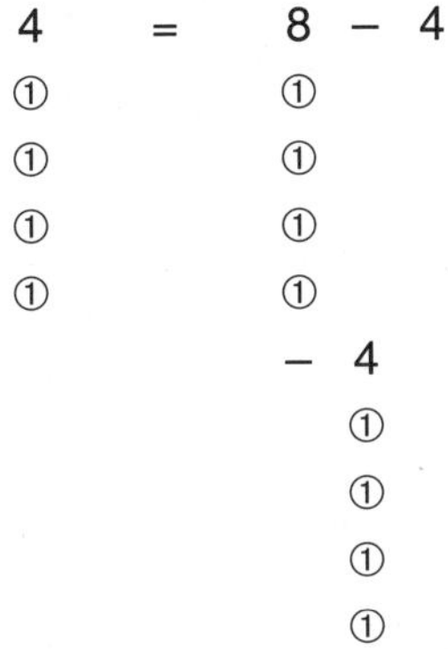

Er zeichnet 4 Pfennige untereinander auf die eine Seite, 8 Pfennige untereinander auf die andere Seite. Er hat die Ausgangssituation der Rechenoperation dokumentiert. Jetzt radiert er die vier unteren der acht Pfennige weg, d.h. er führt, bevor er die materialisierte Handlung zeichnet, die konkrete Handlung durch, schreibt (–)4 an die Stelle und zeichnet unter die Zahl 4 vier Pfennige. So kann er zeichnerisch-handelnd den Vorgang, bei dem aus zwei ungleichen Summen zwei gleiche Summen werden, nachvollziehen.

Carlos rechnet nach diesem Aufbau Minus-, später Minus- und Plusaufgaben durcheinander. Die Aufgaben sind größtenteils Ergänzungsaufgaben, z.B.: 20 - ? = 17. Er bewegt sich inzwischen im Zahlenbereich 0–20. Dabei spricht er laut vor sich hin: Aufgabe: Ein Kreis enthält 12, der andere 20 Pfennige. Carlos soll soviele Pfennige wegnehmen, daß beide Kreise gleich sind.

Carlos zählt: „Hier sind 12 ... hier sind 20 ... 20 sind hier ... 20, da muß ich 6 wegnehmen. 1, 2, 3, 4, 5, 6. Jetzt stimmt das ...." Er runzelt die Stirn. „Hier sind 12 ... hier sind auch ... 14. Das stimmt nicht! Zwei zuviel ... noch zwei weg. So, so jetzt stimmt das. Jetzt ist das richtig!" Durch seine „Fehler" erfährt Carlos immer aufs Neue das Wesen der Rechenoperationen. Durch sein lautes Sprechen macht Carlos sich sein Handeln bewußt. Carlos Sprechen ist auch für mich hilfreich, denn es macht mir seinen Lösungsweg transparent. Häufig knobelt Carlos 45 Minuten an den Aufgaben, ohne zu ermüden.

Carlos entwickelt ein Zahlenraster bis 50, dann bis 100, indem er Pfennige in Zehnerreihen untereinander legt und aufzeichnet.

1	1	11	21	31	41	51	61	71	81	91	CARLOS
2	2	12	22	32	42	52	62	72	82	92	
3	3	13	23	33	43	53	63	73	83	93	
4	4	14	24	34	44	54	64	74	84	94	
5	5	15	25	35	45	55	65	75	85	95	
6	6	16	26	36	46	56	66	76	86	96	
7	7	17	27	37	47	57	67	77	87	97	
8	8	18	28	38	48	58	68	78	88	96	
9	9	19	29	39	49	59	69	79	89	99	
10	10	20	30	40	50	60	70	80	90	100	1 DM
	10	20	30	40	50	60	70	80	90	100	
	10	10	10	10	10	10	10	10	10	10	

Er zählt in diesem Zahlenraster. Er erfährt, daß Einer immer in derselben Reihenfolge aufeinanderfolgen. Er beginnt, den Zehnerraum zu überblicken, wenn er z. B. zählt: „55, 57 ... Moment mal, das kann nicht sein!“ Er sieht, daß bis 60 noch 4 fehlen.

Carlos möchte auch mit anderen Münzen rechnen. Wir beginnen wieder mit der konkreten Handlung. Ich lege ein 2-Pfennig-Stück in den einen Kreis des Zeichenblocks. Ich bitte Carlos, in den anderen Kreis soviele 1-Pfennig-Stücke zu legen, daß beide Seiten gleich sind. Carlos legt zwei 1-Pfennig-Stücke in den Kreis. Dann zeichnet er die Münzen in sein Heft. Dasselbe machen wir mit einer 5-Pfennig- und einer 10-Pfennig-Münze.

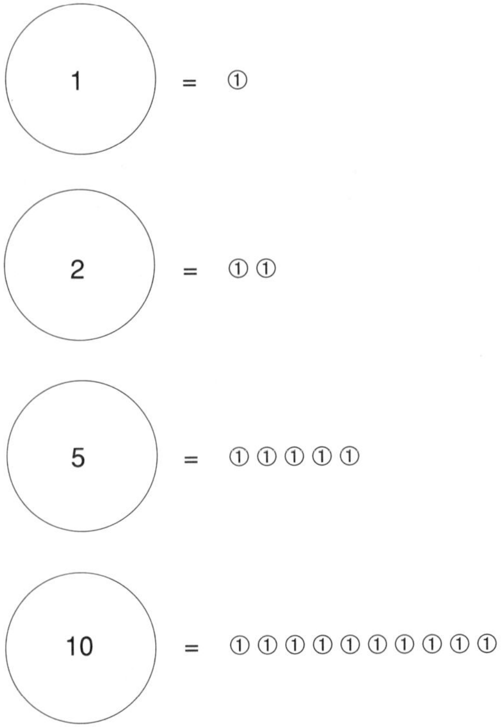

Als nächstes lege ich Beträge von mehreren Münzen ihrem Wert nach geordnet in den Kreis, die Carlos aufschlüsselt.

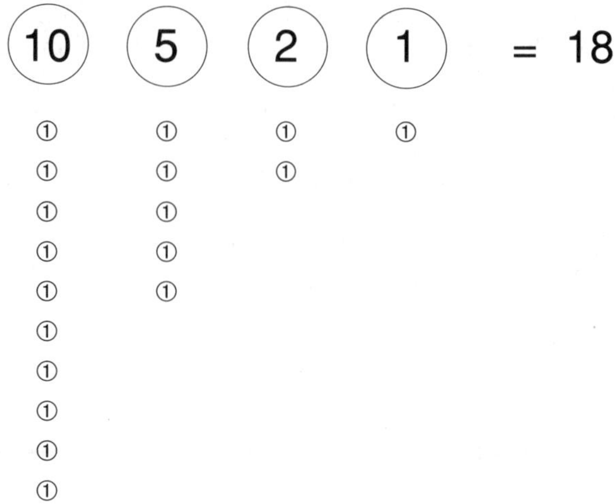

Danach fordere ich Carlos auf, folgende Münzen ihrem Wert nach zu ordnen. Carlos legt sie in der Reihenfolge:

Ich bitte ihn, unter jede Münze soviele Pfennige zu legen, wie diese Münze wert ist. Carlos legt:

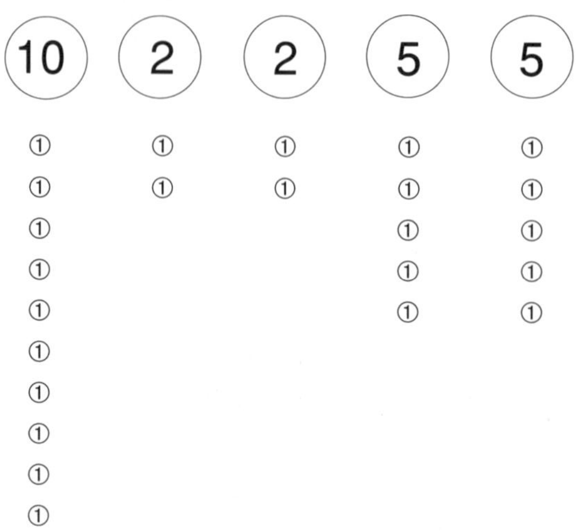

Carlos zählt: „24 Pfennige“. Ich deute auf die 5- und die 2-Pfennig-Stücke. „Carlos, was ist mehr?“ „5 Pfennig“, sagt Carlos. Er stutzt und vertauscht die 5- und die 2-Pfennig-Stücke:

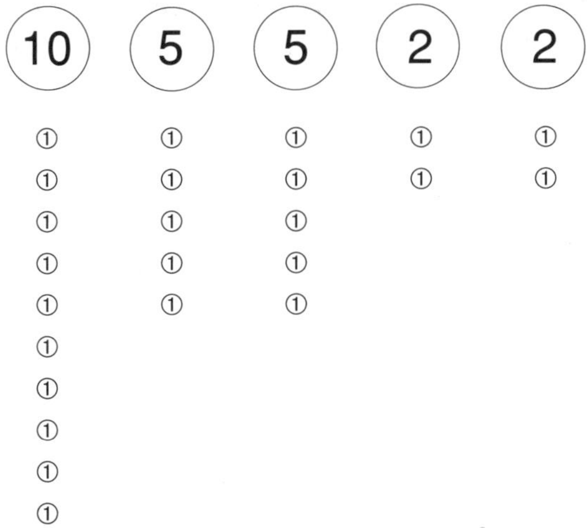

Ich bin verwirrt, denn ich hatte angenommen, daß Carlos den Wert der einzelnen Münzen verstanden hatte. Erst im Gespräch mit meiner Kollegin wird mir Carlos Problematik deutlich. Carlos urteilt auf der Erscheinungsebene. Er erkennt den Wert einer Münze, z.B. eines 5-Pfennig-Stückes, wenn er den Gegenwert in 1-Pfennig-Stücken legt. In dem Moment, in dem ein 2-Pfennig-Stück und ein 5-Pfennig-Stück allein nebeneinanderliegen, ist für ihn das Beurteilungskriterium auf der Erscheinungsebene die Form des Geldstückes. Das 2-Pfennig-Stück ist größer als das 5-Pfennig-Stück. Er hat den Schritt von der qualitativen Wahrnehmung zur quantitativen Wahrnehmung noch nicht vollzogen. Bei Carlos steht wahrscheinlich zur Zeit noch die qualitative Wahrnehmung im Vordergrund. Er ist immer sauber und adrett in weiß gekleidet, seine Umgangsformen sind korrekt, sein Haarschnitt ist ordentlich, sein Frühstück bringt er in einem Diplomatenkoffer mit zur Arbeit. Quantität kommt in seinem Leben nicht vor. Carlos weiß nicht, wie alt er ist, obwohl er es wissen könnte; er weiß nicht, wieviel er verdient, obwohl es seiner Aussage nach zu Hause eine Rolle spielt, wieviel er zum Familienunterhalt beiträgt. In einem Gespräch erzählt er, daß er alkoholische Getränke an der Tankstelle kauft, weil sie dort billiger als im Supermarkt seien; das Gegenteil ist der Fall. Quantitative Wahrnehmung blendet er aus, weil er spürt, daß er bei einem quantitativen Vergleich der Unterlegene ist. Carlos hat schlechtere Noten als andere, Carlos verdient weniger als andere. Seiner Wahrnehmungsstruktur entspricht seine Rechenstruktur, an der er festhält, weil er sich von dem Kriterium der Qualität noch nicht trennen kann.

XVIII. Marianne erkennt den Bruchstrich an

Marianne wollte unbedingt Bruchrechnen lernen. Sie hatte bei Jens im Heft Aufgaben gesehen wie z. B.:

$$\frac{1}{2} + \frac{1}{4} = ?$$

Sie rechnete: $\frac{1}{2} + \frac{1}{4} = \frac{2}{6}$

Als ich versuchte, ihr zu erklären, was sie falsch gerechnet hatte, wurde sie zornig:

„Siehst Du das denn nicht? Das ist eine Und-Aufgabe. 1 + 1 = 2 und 2 + 4 = 6. Was soll daran falsch sein? Guck doch hin. Das ist richtig!“

Ich antwortete: „Das ist nicht richtig. Das sind Brüche. Die kannst Du nicht addieren, wenn die Nenner unterschiedlich sind.“

Sie hielt ihre Hand vor das Gesicht und rechnete weiter. Hin und wieder guckte sie, wie die anderen rechneten. Dann sagte sie zu mir: „Ich rechne nicht mehr mit Dir.“ Immer wenn es Verständigungsprobleme zwischen Lehrern und Schülern gibt, sollten wir Lehrerinnen und Lehrer das Problem nicht in den Schülerinnen und Schülern suchen.

Ich sah mir noch einmal die Bruchrechenaufgaben an. Was verursachte die Störung?

Der Bruchstrich!

Es stimmt, wenn Marianne sagt: 1 + 1 = 2

Es stimmt auch, wenn sie sagt: 2 + 4 = 6

Wenn ich den Bruchstrich weglasse, dann hatte sie recht. Ich nahm das Gespräch wieder auf:

„Du hast gesagt: 1 + 1 = 2 und 2 + 4 = 6. Du hast Recht, das stimmt.“

Jetzt nahm sie wieder Kontakt zu mir auf: „Das habe ich doch gesagt. Aber Du hast gesagt, daß das falsch ist."

Sie rechnete weiter: „$\frac{1}{4} + \frac{2}{2} = \frac{3}{6}$ $\qquad$ $\frac{1}{1} + \frac{3}{4} = \frac{4}{4}$ usw."

Nach einiger Zeit sagte ich: „Guck mal, da ist zwischen den Zahlen ein Strich. Der Strich heißt Bruchstrich. Wenn Du wissen möchtest, was ein Bruchstrich ist, dann erklär' ich Dir das."

Marianne rechnete weiter.

Nachdem sie ihre alte Sicherheit wieder hatte, war sie beruhigt. Nach einigen Minuten sagte sie: „Du kannst es mir ruhig erklären, was das für ein Strich ist, wenn Du willst."

„Du hast noch nie gehört, was ein Bruchstrich ist?"

„Nein, das hab ich nicht."

„Aber was $\frac{1}{2}$ ist, weißt Du?" „Ja, die Hälfte."

Ich zeigte ihr einen Apfel. Ich sagte: „Dies ist ein ganzer Apfel. Ich schneide ihn durch. Jetzt haben wir zwei Hälften. Ich gebe Dir die eine Hälfte. Ich behalte die andere Hälfte. Jetzt haben wir beide einen halben Apfel. Jetzt malen wir das in das Heft."

„Das ist ein ganzer Apfel."

„Das ist ein halber Apfel."

„Und das ist ein halber Apfel."

„Ein halber Apfel und ein halber Apfel ergeben zusammen einen ganzen Apfel."

„Jetzt sind wir aber vier Leute, die sich einen Apfel teilen müssen. Also schneiden wir den Apfel in vier gleiche Teile. Diese Teile nennen wir ein Viertel. Jeder bekommt ein Viertel."

„Wir schreiben: $\frac{1}{4} + \frac{1}{4} + \frac{1}{4} + \frac{1}{4} = \frac{4}{4}$."

Ich zeichnete Kreise auf, die ausgeschnitten, halbiert und geviertelt wurden. Damit übten wir die Addition von Brüchen mit gleichen Nennern.

Marianne rechnete: $\frac{1}{2} + \frac{1}{2} = \frac{2}{2}$ $\frac{1}{4} + \frac{3}{4} = \frac{4}{4}$ usw.

Als sie Sicherheit gewonnen hatte, Brüche mit gleichem Nenner zu addieren, versuchte ich, ihr die Addition von Brüchen mit ungleichem Nenner zu erklären.

„Wenn Du einen halben Apfel hast und noch einen viertel Apfel bekommst, wieviel hast Du insgesamt?"

Marianne sagte: „Das weiß ich nicht – viertel und halbe ..." Ich malte Äpfel auf Papier und schnitt sie aus. Ich legte einen halben Apfel und einen viertel Apfel nebeneinander und fragte: „Wieviele Viertel sind das?"

Marianne sagte: „Wieso Viertel, das ist doch $\frac{1}{2}$ und $\frac{1}{4}$? Wie soll ich das denn machen?"

Ich erklärte: „Das geht ganz einfach. Du mußt Dich fragen, wieviel Viertel hat ein halber Apfel, wenn Du ihn durchschneidest."

Marianne sagte: „Wenn ich den halben Apfel durchschneide, – zwei!"

Sie schrieb ins Heft: $\frac{1}{2} + \frac{1}{4} = \frac{1}{4} + \frac{1}{4} + \frac{1}{4} = \frac{3}{4}$.

Dies ist ein Beispiel dafür, wie die Lernenden durch die Bemerkung des Lehrers: „Das ist nicht richtig“ in Verunsicherung gestürzt werden.

Um nicht den Boden unter den Füßen zu verlieren, hielt sich Marianne krampfhaft an ihrer mühsam gewonnenen Sicherheit fest.

Daher mußte ich an die für sie bekannten Rechenzeichen anknüpfen.

XIX. Stephan lernt den Zehnerübergang

Stephan hatte alle vier Grundrechenarten als einerweises Abzählen an den Fingern gelernt. Im Kopf konnte er keine Aufgaben rechnen.

Stefan zählt einerweise mit den Fingern

Wir fingen daher noch einmal ganz von vorne an. Damit er aufhörte, einen Finger nach dem anderen zu zählen, sondern lernte, mehrere Finger gleichzeitig zu erfassen, sollte er sich an meinen Fingern orientieren.

Wenn er z. B. die Aufgabe 3 + ? = 10 rechnen sollte, zählte er nicht mehr einzeln seine Finger ab, sondern er sah auf meine Hände, die die Aufgabe darstellten.

Stefan lernt Mengen zu sehen

Wir übten immer wieder auf diese Weise das Abziehen und Ergänzen. Ich beobachtete, daß Stephan immer schneller die Mengen mit den Augen erfaßte und das Kopfnicken, das zuerst noch das einerweise Zählen mit den Fingern ersetzte, allmählich ganz verschwand. Nachdem er gelernt hatte, die Mengen mit den Augen zu erfassen, rechnete er folgende Aufgaben im Kopf:

10 − 2 =	3 + ? = 10
10 − 8 =	6 + ? = 10
10 − 6 =	8 + ? = 10
10 − 5 =	1 + ? = 10
13 − 7 =	

Das automatisierte Ergänzen zum nächsten Zehner und das Zerlegen aller Mengen bis zehn, ist die Voraussetzung für den Zehnerübergang.

Wir bauten den Zehnerübergang in folgenden Schritten auf:
Aufgabe: 7 + 8 =

Erster Schritt: „Ich muß bis 10 ergänzen."

Er schrieb: „7 + 8 = 10"

Er sprach: „Ich muß 3 ergänzen."

Er schrieb: „7 + 8 = 10 + “

/

3

Er sprach: „8 soll ich hinzufügen. 3 habe ich schon hinzugefügt. Ich ziehe 3 von 8 ab. Es bleiben 5 übrig.“

Er schrieb: „7 + 8 = 10 + 5“

/\

3 5

Er sprach: „3 und 5 ergeben 8. Ich habe richtig zerlegt.“

Er sprach: „5 zähle ich zu 10 hinzu.“

Er schrieb: „7 + 8 = 10 + 5 = 15“.

Als Stephan diesen Vorgang automatisiert hatte, brauchte er die Aufgaben nicht mehr in den einzelnen Schritten aufzuschreiben. Er sprach die einzelnen Schritte in immer verkürzterer Form vor sich hin und schrieb das Ergebnis auf. Er sprach z.B.:

„7 + 5 =
7 + 3 = 10 + 2 = 12“.

Danach lernte er den Zwanzigerübergang.

Als er den automatisiert hatte, konnte er alle Übergänge bis hundert im Kopf rechnen.

Als er dies gelernt hatte, fragte ich ihn: „Wie hast Du den Zehnerübergang gelernt?“

Er erklärte: „Ich konnte mir die Aufgaben nie im Kopf vorstellen. Deswegen habe ich die Finger zur Hilfe genommen. In der Schule haben wir das auch damals so gelernt. Das Problem war jetzt, von den Fingern wegzukommen. Das war sehr schwierig. Ich mußte weg von diesem Zählen. Wenn ich die Aufgabe 7 + 8 gerechnet habe, dann habe ich das früher mit den Fingern abgezählt.“

„Wie rechnest Du das jetzt aus?“ fragte ich ihn.

„Ich finde das wichtig, die Schritte, wie ich überhaupt dahingekommen bin. Wir haben erstmal bis zum nächsten Zehner gerechnet, wie z.B. 7 + ? = 10. Das hatte ich gelernt. Das ist 3. Der nächste Schritt war der mit den Pfeilen. Das ist schwer für mich zurückzuverfolgen“, sagte Stephan. „Schreib es auf, wie es war“, empfahl ich ihm.

Stephan schrieb: „7 + 6 = 10 + “.

/

3

Er sagte: „Dann habe ich die 3, die ich schon hatte, von der 6 abgezogen. Dann muß es ja 6 weniger 3 heißen. Dann habe ich die übrigen 3 zu dem Zehner gezählt. Ach ja, und dann habe ich die Pfeile weggelassen. Ohne daß ich das aufgeschrieben hatte, konnte ich das im Kopf vollziehen. Dann hieß es nur noch 6 + 7 = 13. Wichtig ist für mich, daß ich mit dem Zählen der Finger nicht weitergekommen bin.

„Wie meinst Du das?“, fragte ich.

„Ich habe einfach nichts dazu gelernt. Ich hatte das Gefühl, daß ich immer auf dem gleichen Stand bin. Die Lehrer haben das auch nicht geschnallt, warum ich nicht darüber hinweggekommen bin. Das Kopfrechnen hatte ich einfach nicht kapiert. Die Lehrer konnten es mir auch nicht erklären. Und dann bin ich in die Sonderklasse gekommen, weil ich das Klassenziel nicht erreicht habe. Da sollten wir speziell gefördert werden.“

Ich fragte Stephan: „Was bedeutet für Dich der Sprung vom Abziehen mit den Fingern zum Kopfrechnen?“

„Ich kapier' erstmal, was ich da überhaupt mache! Wenn ich mich da draußen hinstelle und zähle mit den Fingern ab, dann denken die doch, der ist verrückt.“

„Du bist auf der Stelle getreten, weil Du immer nur beim einerweisen Zählen mit der Menge ‚1‘ zu tun hattest. Du hast Dir ja immer nur einen Finger bewußt gemacht, einen und noch einen. So war jede Aufgabe gleich.

Darum haben wir erst einmal das Ergänzen mit den Augen geübt. Du hast gelernt, die Mengen zu sehen.

Plötzlich konntest Du sie Dir im Kopf vorstellen. Du hast sie im Kopf auf einmal gesehen und nicht einzeln hintereinander.“

„Ja das stimmt. Ich kann mir die 10 Finger vorstellen. Wenn ich z. B. 4 wegnehmen soll, dann weiß ich, was übrig bleibt: 6 natürlich.“

„Du siehst, daß Du einen Sprung gemacht hast.“

„Ich habe zehn Klassen in der Schule gemacht. Ich bin jetzt 24. Was ich in zehn Jahren in der Schule nicht gelernt habe, das habe ich jetzt nachzuholen.“

Jetzt zählen wir schon zweistellige Zahlen zusammen, wie z. B. die Aufgabe:

56 + 28 =

Stefan beginnt zu rechnen. Damit Stefan sich seinen Lösungsweg bewußt machen kann, schreibe ich seinen Gedankengang an die Tafel. Stefan rechnet:

Stefan rechnet die Aufgabe 56 + 28

Z E Z E
56 + 28 = 14
Ich habe beide
Zahlen
- die 14 das sind die Einer
- dann hab ich die 8 Zehner
- den einen, den ich mir gemerkt
hab - das sind 8
- 814 kann nicht hinkommen

Ich habe beide
Zahlen
- die 14 das sind die Einer
- dann hab ich die 8 Zehner
- den einen, den ich mir gemerkt
hab - das sind 8
- 814 kann nicht hinkommen. Ich habe nicht
die 14 in Zehner und Einer zerlegt

Stefan rechnet im Kopf

Ich frage Stefan: „Was hast Du gedacht, als Du zum ersten Mal den Satz von mir gehört hast: ‚Schlechte Schüler gibt es nicht‘?“

„Zuerst war ich noch ein bißchen ungläubig, weil ich noch die Sätze von meinem Lehrer im Kopf hatte.

Ich war zuerst skeptisch.

Ich konnte es zuerst einfach nicht glauben, daß es Lehrer geben soll, die eine andere Einstellung haben. Meine Eltern waren auch zuerst skeptisch. Die haben mir auch zuerst abgeraten und immer wieder die Sätze von den anderen Lehrern gesagt. Zum Beispiel, daß es bei mir sowieso keinen Zweck mehr hätte, daß ich sowieso nichts mehr lern.

Na ja, Du kennst doch die Sprüche.

Aber das hat mich gerade angespornt, immer weiter zu lernen. Ich muß es ihnen jetzt beweisen, ich muß es schaffen, daß das Lernen doch noch was bringt.

Schon aus Trotz mußte ich den Mut aufbringen.“

„Stefan, was würdest Du gerne mit Deiner heutigen Sichtweise den Lehrern sagen?“

„Das stumpfsinnige Lernen bringt überhaupt nichts. Pauken und pauken. Der Schüler muß wissen, was er tut. Das stufenweise Lernen ist wichtig.“

XX. Nachwort

„Ich lehne das Wort ‚Behinderter' ab. Es sagt nichts Bestimmtes aus. Es ist lediglich eine Abqualifizierung. Niemand kann sich eine behinderte Person vorstellen. Warum also das Wort? Was nützt es?

Wir können uns einen Menschen vorstellen, der blind ist, der taub ist, der querschnittsgelähmt ist usw. Solche Begriffe ringen uns Achtung ab, weil wir wissen, wie schwierig es ist, das Leben zu bestehen und wieviel die Menschen leisten müssen.

Ich habe den Begriff ‚Behinderter' oft als Schimpfwort erlebt. Das tut einem weh. Wir wollen akzeptiert und geachtet werden für das, was wir leisten, und das ist bestimmt nicht wenig. Ich denke, daß wir uns erst als Menschen fühlen können, wenn wir nicht mehr ständig verletzt werden.

Wir sind außerdem der Meinung, daß sich viel in den Schulen ändern muß. Wir kommen immer mehr zu der Überzeugung, daß es keine schlechten Schüler gibt, sondern nur schlechten Unterricht. Lehrer müssen neue Wege in der Pädagogik finden, wo sie die Schüler nicht aussortieren, sondern ihnen helfen, zu lernen."

(Stefan Lorenz, Arbeiter in den ELBE-WERKSTÄTTEN.)

Dieses Zitat mit seiner Analyse der Situation „Behinderter" und seiner Zielbeschreibung unseres „Modellversuches Weiterbildung" in unserer Werkstatt könnte als Nachwort ausreichen. Dennoch sind einige weitere Hintergrundinformationen hilfreich.

Aufgabe der anerkannten, gemeinnützigen Werkstätten für Behinderte ist nach dem Schwerbehindertengesetz § 54 (1) die „Eingliederung Behinderter in das Arbeitsleben. Sie bietet denjenigen Behinderten, die wegen Art oder Schwere der Behinderung nicht, noch nicht oder nicht wieder auf dem allgemeinen Arbeitsmarkt tätig sein können, einen Arbeitsplatz oder Gelegenheit zur Ausübung einer geeigneten Tätigkeit". Dazu bedarf es einer ständigen Aus- und Weiterbildung sowohl am Anfang im Trainingsbereich als auch später im Arbeitsbereich. Das fordert auch ausdrücklich die verbindliche „Werkstättenverordnung Schwerbehindertengesetz“ in § 5 (3): „Zur Erhaltung und Erhöhung der im Arbeitstrainingsbereich erworbenen Leistungsfähigkeit und zur Weiterentwicklung der Persönlichkeit des Behinderten sind arbeitsbegleitend geeignete Maßnahmen durchzuführen.“

Angesichts von fast 2 Millionen registrierten Arbeitslosen und einer rapide sich ändernden Produktionsstruktur dieser Industriegesellschaft haben Regierung, Gewerkschaften und Arbeitgeber begriffen, welche Bedeutung der Weiterbildung von Arbeitnehmern zukommt. Die Bundesanstalt für Arbeit hat 1985 ca. 6 Milliarden DM für die Weiterbildung von über 500000 Arbeitnehmern ausgegeben. Die Mitarbeiter/innen in den Werkstätten für Behinderte sind dabei nicht nur weitgehend leer ausgegangen, sondern im Gegenteil, die finanziellen Engpässe der Bundesanstalt für Arbeit und der Kommunen drohen die bescheidenen Versuche von Weiterbildung durch restriktive Finanzierungsentscheidungen im Keim zu ersticken. Das wiegt um so schwerer, als es sich um einen Personenkreis handelt, der noch weit davon entfernt ist, einen rechtlich abgesicherten Arbeitnehmerstatus erreicht zu haben und für den Weiterbildung schicksalsentscheidend ist.

Im Frühjahr 1985 überlegten Helmut Manthey, in der zuständigen Behörde für Arbeit, Gesundheit und Soziales in Hamburg verantwortlich für den Werkstattbereich, und ich, welche Möglichkeiten es für Weiterbildung unserer Mitarbeiter/innen in den Werkstätten trotz der Finanzierungsschwierigkeiten gibt. Wir einigten uns auf ein pädagogisches Rahmenkonzept, das in einem Modellversuch erprobt und im Detail entwickelt werden sollte. Ohne die konstruktive Unterstützung der Behörde wäre der zweijährige Modellversuch vom Sommer 1986 bis 1988 nicht zustande gekommen.

Im Juli 1985 entwickelten Christel Manske, die zukünftige Leiterin des Modellversuches, und ich die pädagogische Konzeption dieses Versuches. Als Sonderschullehrerin und Psychologin hat sie jahrelang zugleich wissenschaftlich und praktisch in der Behinderten- und Obdachlosenpädagogik gearbeitet. Mir war klar, daß wir diese Verzahnung von Wissenschaft und Praxis für unsere Weiterbildung dringend brauchten.

Ich hatte auch einige ihrer vielfältigen Veröffentlichungen gelesen, z.B. das Protokoll einer Heilung: „Ich war behindert an Hand der Lehrer und Ärzte“ (zusammen mit Ralf Fingerhut, Reinbek 1984). Am Beispiel des Ralf Fingerhut wird das pädagogische Konzept des handlungstheoretischen Unterrichts besonders gut deutlich, d.h. der Mensch, erst recht der behinderte Mensch, lernt nur Theorie und Praxis umfassend zu durchdringen, also zu verstehen, wenn Sinnesorgane, Bewegungsorgane und Denkprozesse in der Tätigkeit mit Objekten gleichzeitig und gemeinsam ausgebildet werden. Ralf bringt es auf den Punkt, wenn er sagt: „Lernen bedeutet, die Menschen mit den Gegenständen verbinden und die Gegenstände mit den Menschen“ (S. 29).

Bei uns in den Werkstätten gibt es viele Ralfs. Menschen, die gern lernen wollen, lernen können und bisher daran gehindert waren, „die Gegenstände mit den Menschen“ zu verbinden. Der Modellversuch hat es bewiesen. Es wollten und wollen sehr viele mehr lernen als zur Zeit in den Kursen aufgenommen werden können. Viele waren anfangs skeptisch, ob man denn noch mit 30 Jahren wieder „zur Schule gehen“ und noch etwas lernen kann. *Was* und *wie* alles gelernt worden ist, davon legt dieser Band ein beredtes Zeugnis ab. Wie aber Menschen sich durch Lernen in ihrer Persönlichkeit emanzipiert haben, das kann man eigentlich nur im täglichen Werkstattalltag erleben!

Aus dem Modellversuch ist inzwischen ein selbständiges Bildungsangebot geworden. Wir hoffen, es bei uns ausweiten zu können, aber wünschen uns dies auch für die anderen Werkstätten.

Wir erwarten in Zukunft als Folge der Weiterbildung auch die Möglichkeit einer Änderung unserer Produktionsstruktur. Denn wer mehr gelernt hat, kann auch besser und qualifizierter arbeiten. Wenn wir aber hochwertige Produkte herstellen können, steigen auch die Verdienstmöglichkeiten unserer Mitarbeiter/innen. Und das ist dringend erforderlich!

Um so mehr gilt:

SCHLECHTE SCHÜLER GIBT ES NICHT!
LERNEN KÖNNEN JA ALLE LEUTE

September 1989

Bodo Schümann
Geschäftsführer
der ELBE-WERKSTÄTTEN GmbH

XXI. Anmerkungen

1. Basaglia, F./Foukault, M./Castel, R., u. a.: Befriedungsverbrechen, Frankfurt a. M. 1980, S. 54.
2. Mann, I.: „Ich war behindert an Hand der Lehrer und Ärzte", Weinheim und Basel 1991.
3. Wygotski, L. S.: Zur Psychologie und Pädagogik der kindlichen Defektivität. In: Die Sonderschule, Jg. XX (1975). H. 2. Berlin (DDR) 1975.
4. Sacks, O.: Der Mann der seine Frau mit einem Hut verwechselte, Reinbek 1987, S. 115.
5. Sacks, O.: a. a. O., S. 118.
6. Sacks, O.: a. a. O., S. 120.
7. Sacks, O.: a. a. O., S. 120.
8. Basaglia, F./Foucault, M./Castel R.,.: a. a. O.: S. 55.
9. Freire, P.: Pädagogik der Unterdrückten, Reinbek 1973, S. 58.
10. Mann, I./Wittmann, L.: Lesen lernen ohne Angst, Frankfurt a. Main 1983, 2. Aufl., S. 45.
11. Lengert, R.: Der reduzierte Schülerbegriff in den „empirisch-analytischen" Lerntheorien. In: Bildung und Erziehung, 34. Jg., H. 1/3 1981, S. 39.
12. Lengert, R.: a. a. O., S. 39.
13. Mann, I.: Die Kraft geht von den Kindern aus, Frankfurt a. Main 1983, 5. Aufl., S. 49.
14. Dennison, P. E.: Befreite Bahnen, Freiburg 1984, S. 97.
15. Galperin, P. J./Leontjew, A. N.: Probleme der Lerntheorie, Berlin (DDR) 1972, S. 33 ff.
16. Khella, K.: Theorie und Praxis der Sozialarbeit und Sozialpädagogik, Hamburg 78, S. 208–212.
17. Brown, Ch.: Mein linker Fuß, Berlin 1982, S. 18.
18. Locke, J.: Geschichte der Philosophie, Bd. I, Berlin (DDR), Deutscher Verlag der Wissenschaft 1960, S. 397.
19. Kussmann, T.: Bewußtsein und Handlung, Bern/Stuttgart/Wien 1971, S. 123 ff.
20. Galperin, P. J./Leontjew, A. N.: a. a. O., S. 33 ff.
21. Khella, K.: a. a. O., S. 208–212.

22. Feuerbach, L.: Über das Wesen des Christentums in Beziehung auf den Einzigen und sein Eigentum. In: Kleine philosophische Schriften, Leipzig 1950, S. 187–188.
23. Mann, I./Wittmann, L.: a.a.O., S. 26.
24. Nikitin, B./Nikitin, L.: Aufbauende Spiele, Köln 1980, S. 37.
25. Kussmann, T.: a.a.O., S. 133.
(25a) Lurija, A.R.: Restoration of functions after brain injury. Chapter IV. Oxford 1963.
26. Birbaumer, N.: Neurophysiologie der Angst, München 1973.
27. Kussmann, T.: a.a.O., S. 123.
28. Bragina, N.N./Dobrochotowa, I.A.: Funktionelle Asymmetrien des Menschen, Leipzig 1984, S. 18.
29. Bragina, N.N./Dobrochotwa, I.A.: a.a.O., S. 249–250.
30. Aly, M./Aly, G./Tumler, M.: Kopfkorrektur, Berlin (West) 1981, S. 88.
31. Wygotski, L.S.: Denken und Sprechen, Frankfurt a. Main 1977, S. 64.
32. Sirotkin, S.: Ein beispielloses Experiment sowjetischer Psychologen. In: Gesellschaftswissenschaften d. A. d. W. der UDSSR Jg. VI (1976, H. 2., S. 225.
33. Freire, P.: a.a.O., S. 57.
34. Siehe Anmerkung 33.
35. Springer, S.P./Deutsch, G.: Linkes Rechtes Gehirn, Heidelberg 1987, S. 170–171.
36. Dennison, P.E.: a.a.O., S. 137.
37. Springer, S.P./Deutsch, G.: a.a.O., S. 140.
38. Bragina, N.N./Dobrochotowa, T.A.: a.a.O.
39. Bragina, N.N./Dobrochotowa, T.A.: a.a.O., S. 66.
40. Springer, S.P./Deutsch, G.: a.a.O., S. 11.
41. Springer, S.P./Deutsch, G.: a.a.O., S. 162.
42. Garlichs, A.: Chagall und die Folgen. In: Bildung, Jahresheft VI, 1968.
43. Bragina, N.N./Dobrochotowa, T.A.: a.a.O., S. 15.
44. Kussmann, T.: a.a.O., S. 128–129.
45. Kussmann, T.: a.a.O., S. 127–128.

Von Kindern lernen

»In eindrucksvollen Wortbildern beschreibt die Autorin den Prozess allseitiger Entfremdung eines Arbeiterkindes vor dem Hintergrund ihrer eigenen, schmerzvollen Lebenserfahrung … Die pädagogische Absicht leuchtet aus allen Kommentaren eindringlich hervor: Kindern, Lehrern und Eltern durch liebevolles Zusammenführen von persönlichem wie gemeinsamen Erlebnis und den dabei gewonnenen Erkenntnissen zu einer wirkungsvollen Überwindung der Widersprüche zu verhelfen, die die allseitige Entfaltung des Selbst behindern … Da bleibt ebenso Gelegenheit für individuelle Trauer, wie sich eine Kraftquelle erschließt durch das Verhalten der Kinder für das notwendige gegenseitige Verstehen. Die Bewältigung von Konflikten in der pädagogischen Praxis steht im Mittelpunkt … Man muss den Text lesen, um als Lehrer und Erzieher die eigene Entfremdung begreifen und stufenweise aufheben zu können.«

Andreas Achenbach

Iris Mann
Die Kraft geht von den Kindern aus
Eine stufenweise Befreiung von der Lehrerrolle
120 Seiten. Broschiert
ISBN 3 407 25121 1

BELTZ
Taschenbuch

Kinder sind Philosophen

Staunen, Zweifeln, Betroffensein – in vielerlei Hinsicht sind Kinder uns Erwachsenen darin überlegen. In ihrem praxisorientierten Buch beschreibt Doris Daurer anhand vieler Beispiele, wie wir diese Fähigkeiten der Kinder im Unterricht, aber auch schon im Kindergartenalter fördern können. Die originelle Methode, nach der die Kinder untereinander und mit dem Lehrer oder der Erzieherin ins philosophieren kommen, stammt von dem »Kinderphilosophen« Dr. Thomas Jackson, der in Hawaii bereits seit Jahren Philosophieunterricht gibt – dort ist es von Schulanfang an ein eigenes Unterrichtsfach. Ihr besonderer Vorzug besteht darin, daß man mit ihr neben philosophischen Fragen auch ganz alltägliche Probleme philosophisch vertiefen kann, so daß sie sich bei uns auch im Rahmen des »normalen« Schulunterrichts, zum Beispiel im Deutsch-, Religions- oder Ethikunterricht, leicht für einige Schulstunden anwenden läßt. Alles, was man braucht, ist die »Werkzeugkiste für schlaue Denker«, die Daumensprache und die gemeinsame Freude daran, den Dingen einmal auf den Grund zu gehen.

»... empfehlenswert, da es den Blick für ein wesentliches und bisher wenig beachtetes Phänomen kindlicher Welterschließung öffnet.« *Kindergarten heute*

Doris Daurer
Staunen, Zweifeln, Betroffensein
Philosophieren mit Kindern
Beltz Taschenbuch 14, 215 Seiten
ISBN 3 407 22014 6

BELTZ
Taschenbuch

»If you need help press F1«

Unser Alltag ist ohne Computer nicht mehr vorstellbar. Auch immer mehr Grundschüler verfügen schon über Erfahrungen mit dem PC und bewältigen selbst komplizierte Computerspiele mit Leichtigkeit.

Es liegt also nahe, das Medium Computer mit seinen vielfältigen Möglichkeiten bereits im Unterricht der Grundschule einzusetzen: Die Arbeit am PC hat für Kinder einen hohen Motivationsanreiz, kann die Individualisierung und Differenzierung fördern und stellt bei richtigem Einsatz eine sinnvolle Ergänzung moderner Unterrichtsformen wie Projektunterricht und Wochenplanunterricht dar.

In den Beiträgen dieses Buches geht es unter anderem um Fragen der Gerätebeschaffung, der Qualität und Einsatzmöglichkeit von Unterrichtsprogrammen und um erste Erfahrungen mit dem PC im Unterricht und in der Lehrerfortbildung. Ein praxisorientiertes Buch, das wichtige Hinweise gibt und Berührungsängste abbaut.

Christian Büttner/Elke Schwichtenberg (Hrsg.)
Computer in der Grundschule
Geräte, didaktische Konzepte, Unterrichtssoftware
Beltz Taschenbuch 15, 224 Seiten
ISBN 3 407 22015 4

BELTZ
Taschenbuch

Phantasie und Kreativität

Papier und Pappe, Karton und Krimskrams, da muss man doch einfach was draus machen! Videokamera, Fotoapperat, Kassettenrekorder, auch die fordern geradezu heraus. Material und Medien kitzeln die Kreativität. Und je variabler und weniger verarbeitet ein Material ist, desto stärker regt es die Phantasie an, desto vielfältigere Erfahrungen und Fertigkeiten lassen sich spielerisch erwerben. Hier sind 170 Vorschläge für originelle und ungewöhnliche Spiele mit Kindern und Erwachsenen. Spiele, die das Denken und die Gefühle bereichern, die Vorstellungskraft und den Erfahrungshorizont erweitern, die spannende Auseinandersetzung mit der Umwelt bieten.

Peter Thiesen
Kartonwelten, Kuhkunst und Klangtunnel
Kreative Spiele für die Arbeit mit Kindern, Jugendlichen und Erwachsenen
Mit Illustrationen von Barbara Hömberg
Beltz Taschenbuch 10, 112 Seiten
ISBN 3 407 22010 3
Originalausgabe

BELTZ
Taschenbuch